伊 蔓 —— 著

超级
影响力

个人品牌打造九步法

中国铁道出版社有限公司
CHINA RAILWAY PUBLISHING HOUSE CO., LTD.

图书在版编目（CIP）数据

超级影响力：个人品牌打造九步法/伊蔓著 . —北京：
中国铁道出版社有限公司,2022.10
ISBN 978-7-113-29415-1

Ⅰ.①超… Ⅱ.①伊… Ⅲ.①网络营销 Ⅳ.①F713.365.2

中国版本图书馆 CIP 数据核字（2022）第 120252 号

书　　名：**超级影响力：个人品牌打造九步法**
　　　　　CHAOJI YINGXIANGLI：GEREN PINPAI DAZAO JIU BU FA
作　　者：伊　蔓

责任编辑：马慧君　　　　编辑部电话：(010) 51873005　　　　投稿邮箱：zzmhj1030@163.com
封面设计：刘　莎
责任校对：孜　玫
责任印制：赵星辰

出版发行：中国铁道出版社有限公司（100054，北京市西城区右安门西街 8 号）
网　　址：http://www.tdpress.com
印　　刷：三河市国英印务有限公司
版　　次：2022 年 10 月第 1 版　　2022 年 10 月第 1 次印刷
开　　本：710 mm×1 000 mm　1/16　印张：11.75　字数：151 千
书　　号：ISBN 978-7-113-29415-1
定　　价：59.00 元

前　言

现在不少企业家似乎非常愿意在大众面前展现自己，试图拉近自己与大众之间的距离。他们会积极出席各种会议，参加各种综艺节目，偶尔也会拍摄电影和电视剧。此外，有些企业家还会频繁地出现在微博热搜榜上。

很明显，与之前的行事风格相比，企业家似乎改变了策略，更倾向于跟其他人互动。为什么会出现这种情况？原因就在于他们想借此打造自己的个人品牌。企业家作为企业的领导者和核心人物，如果具有很强的影响力，甚至已经形成个人品牌，那就可以促进产品传播，为企业发展带来意想不到的效果，让更多人慕名而来。

其实除了企业家以外，创业者、管理者、作家、讲师、主播、自媒体运营者、白领、程序员等也都需要打造个人品牌，从而使领导、同事和亲朋好友对他们有更深刻地认知。正如"微信之父"张小龙所说："即使是再小的个体，也应该有自己的品牌。"

打造个人品牌是不断了解和发掘自己的过程，在这个过程中，你不仅可以找到目标，也可以让自己快速成长。当你成长后，就可以知道自己擅长什么、有哪些优势、能提供哪些价值，从而使自己的个人品牌变得更饱满，更有吸引力。

可以说，个人品牌的黄金时代已经到来。在如今自媒体高度发达的时代，打造个人品牌是一项非常好的投资，也是近乎零成本的投资。现在很多人都已经意识到这一点，但他们往往只关注某个环节，而忽视整体布局，没有真正理解个人品牌的意义和重要性，也没有掌握打造个人品牌的方法和技巧。

本书意在帮助缺乏知识积累和实践经验的人打造个人品牌，使个人品牌具备超级影响力。书中讲述了一套思维方式，实用性非常强，可以让你事半功倍地发展自己的事业，加深其他人对你的印象，使你掌握持续获取并沉淀流量的能力。

事物是有两面性的，跟上了时代，你就能抓住机会，创造属于自己的美好未来。所以，你还不开始打造个人品牌吗？

感谢在本书写作过程中给予帮助的人，感谢对本书提出宝贵意见的人，感谢在专业知识方面为本书提供建议的人，感谢家人和朋友的支持。

社会仍然在发展，本书若有不足与错漏之处，欢迎各位读者批评指正。

作　者

目 录

第1章

影响力价值：你的品牌，价值千万

　　个人品牌的价值非常大，无论我们承认与否，个人品牌都是非常宝贵且有影响力的资源。现在是个人品牌的黄金时代，我们应该成为独立的经济体，打造属于自己的品牌。

1.1 影响力有多重要

在网络时代，影响力越来越重要，你影响的人越多，相信你的人就越多，愿意为你付费的人越多，获利也就更容易。因此，你要想获得成功，那就应该打造个人品牌，让自己拥有更强大的影响其他人的能力。

1.1.1 为什么你会非常重视满意度

个人品牌的打造是一种长期博弈，我们要想在这场博弈中胜出，就必须掌握非零和博弈的原理。

博弈包括零和博弈、非零和博弈两种。

零和博弈指的是对于博弈双方而言，一方获得收益必然会造成另一方的损失，双方的收益与损失之和永远是零，双方不存在合作的可能性。这样的博弈方式显然是不合理的，也不利于个人品牌的打造。

对于打造个人品牌的人而言，在这场博弈中实现与对方的共赢才是促进自身信用力持续建设的正确选择。因此，我们必须了解和运用非零和博弈原理打造信用力。非零和博弈区别于零和博弈，一方的收益并不与另一方的损失相等，双方可以在合作中实现共赢。

那么，我们应该如何遵循非零和博弈原理来实现自己与对方的共赢？

管理学中有一条比较重要的原则——满意原则，即不求最优而求满意。在消费时，很多人都非常重视满意度，这就要求我们在采取行动时，不仅要考虑自身利益，还要考虑决策对这些人可能造成的影响。在充分考虑双方的利益后，我们才可以针对个人品牌做出最佳决策，让双方都更满意。

大众对一个人的满意度是其打造个人品牌的法宝。当一个人有了一定的影响力后，只有大众对这个人的满意度不断提高，他的形象才可以被刻画得更鲜明、动人。如果这个人只顾眼前利益，不会用长远的眼光看问题，那么很可能会陷入昙花一现的困境。

我们应该如何做才能让提升满意度？具体可以从以下几个方面入手：

1. 品质

个人品牌是企业的品质承诺，若想打造个人品牌，必须对产品的品质严格要求。产品的品质有保证，人们才会在信任产品的基础上信任打造产品的人，从而使这个人的信用力得到提升。例如，追求完美和创新是喜茶CEO聂云宸一贯所坚持的，为了追求口感，他坚持选用高成本原茶，并且放弃加盟发展的方式，只开直营店。

聂云宸对这些原则的坚持使喜茶的发展十分稳健。喜茶在加工茶叶阶段就充分考虑到消费者的需求和想法。在制作过程中，喜茶选用的辅料是高品质的芝士和鲜奶，通过流水线制作以保证奶茶质量稳定。聂云宸对于产品品质的追求使其个人品牌更具信用力。

2. 速度

除了保证产品的品质以外，保持企业的发展速度也可以增强信用力。例如，小米公司的发展速度是十分惊人的，这无疑稳固了雷军的个人品牌。当然，小米公司的高速发展所反映出的实力也增加了雷军的信用力，使人们对雷军的个人品牌和小米公司产品更满意。

3. 社会责任

对于想打造个人品牌的人来说，尽自己所能承担一部分社会责任，帮助弱势群体，使社会更和谐是非常重要的。这样可以使个人品牌扩大影响力，从而进一步增值，一举两得。例如，在我国的慈善榜单中，经常出现马化腾、曹德旺等企业家的名字，他们往往拥有良好的口碑，可以获得大众的好感，从而推动其企业的不断发展。

因此，要想打造个人品牌，我们可以从产品的品质、公司的发展速度、承担社会责任等方面来把握非零和博弈原理。这不仅能够体现出我们的个人能力，也可以提高其他人对我们的满意度和信任度，进而增强个人品牌的信用力。

1.1.2 为什么你会主动维护自己的选择

很多人一旦做出了某个决定，或者确立了某个立场，就会面对来自个人和外部的压力，迫使自己相应地改变以前的一些行为，自觉地遵守相关要求，以证明自己此前的选择是正确的。例如，当一个人向朋友介绍自己喜欢的产品后，可能会变得更忠于这个产品。

个人品牌就有这样的作用，可以让对方更忠于你，并向其他人推荐你。这也从侧面反映出，成功打造出个人品牌的人往往可以被别人主动维护。这与建设个人品牌的要素——承诺息息相关。承诺是一种保障，每个承诺都应该做到。尤其是书写下来的或发布在公众平台上的承诺，通常对可信度的影响更大，也就更应该做到。

一个人敢于公开给出承诺，并将之实施下去，这种魄力往往源于对自己的高度自信。在打造个人品牌时，也应该做出承诺，让对方感觉到你的真诚，从而更长久地选择你。但需要注意的是，不能为了让对方选择自己，就给对方过多的承诺，导致许多超出自身能力范围的承诺根本无法实现。

还有一种情况是，我们给了对方口头承诺，并没有将其落实到纸面上，原本只是在应付对方，但对方却非常认真。结果到了合作的某个阶段，对方把这个口头承诺提出来时，我们很难做到，因为这个口头承诺往往是一个"不可能完成的任务"。

例如，某互联网公司的黄老板跟客户就软件项目进行沟通，客户表示他十分着急，项目最好在 6 个月内完成，同时表示他比较中意另外一家规模较大的公司。为了拿到订单，黄老板向客户许诺 5 个月就可以完成项目。客户一听大喜过望，便与黄老板签订了合同。

在项目实施过程中，客户不时地询问工作进度，同时黄老板为了赶工也不断加派人手。但 3 个月后，项目的进度仅接近 50%，难以在之后的 2 个月内完工。这时，黄老板对当初过度承诺的行为十分懊悔，但已无力回天。2 个月后，项目没有如期完成，黄老板不仅赔偿了一大笔违约金，永远失去了这个客户，也让自己的形象和个人品牌受到了严重影响。

再如，为了推销产品和促成订单，有的老板会向客户承诺"产品 50 年保修""产品终身保修"等，而这样的过度承诺往往会给自己带来沉重的负担。如果老板不遵守承诺，既需要向客户支付一定的赔偿金，也会失去客户。

我们只要做出承诺，这个承诺就有可能影响其他人对个人品牌的认知。一个合理的、可以如期实现的承诺不仅可以提高大众的满意度，还能让大众更愿意对个人品牌进行推广和宣传。通常承诺的场合越正式，承诺者为一个承诺付出的努力越多，承诺的影响力也越大。

对于大众来说也是如此，你做出承诺，相对方就会因为这个承诺而获得满足感、安全感，从而愿意主动选择你，并对你产生好感和信任。

在大多数人的道德意识里，践行承诺是一种受尊重的行为。所以，在打造个人品牌的过程中，我们可以适当地让相对方给出一定的反馈意见，并让其对个人品牌进行分享。与此同时，我们要充分利用承诺的力量，强化自己的个人品牌在人们心里的地位和口碑。

1.1.3 为什么你会在购物前看别人的评价

当人们没有足够的信息进行理智判断时，通常会认为别人的判断是合理的。尤其在需要判断什么是正确的行为时，很多人都会把别人做的事看成是正确的行为，这是从众心理的表现。这种心理对人们的影响无声无息，甚至可以引发无意识的、条件反射式的行为。

例如，现在很多人在购物时会相信亲朋好友的推荐，也会在购物前看他人的评价，从而对产品进行综合判断。由此可见，新时代的消费逻辑已经发生改变，产品要想获得更多人的青睐，就需要有一个可以对其评价产生正向影响的支撑力。

根据实践经验，比较适合成为这个支撑力的是产品开发者及其背后的个人品牌。通常产品开发者的信用力会影响人们对产品的评价，形成一个企业理念、产品主张、服务承诺等与消费者心智同频共振的局面。如果你通过个人品牌做到了这一点，那么你打造的产品也会快速成长，从而带动企业不断发展。

例如，苹果公司的综合实力十分强大，这是因为其创始人乔布斯拥有"Think different（非同凡响）"的心智模式，并以此凝聚团队、创造产品，引发人们的共鸣。与乔布斯相同，雷军也建立了个人品牌，聚集了一批优秀人才，并与追求性价比的粉丝们产生了共鸣。

产品能否取得成功，能取得多大的成功，与产品开发者及其背后的个人品牌密切相关。随着技术的发展，产品开发者每天所采取的行动、企业的经营活动，都可以通过媒介和网络传达出去，影响人们的消费决策。这是产品开发者走到台前发挥巨大作用的根源所在。

现在很多企业家纷纷走到台前，为产品宣传造势，优化人们对产品的评价，甚至为自己的品牌代言。这样可以很好地影响人们的消费决策，大大加深人们对产品的信任。

仍以前面提到的喜茶 CEO 聂云宸为例，他为了完善产品，经常在微博、小红书、抖音等渠道收集网友的评价，偶尔还会有针对性地回复评价。他深知如果人们喝到味道差的奶茶，给出了负面评价，那么其他人也会受到影响，从而不会购买喜茶的产品。

聂云宸根据自己收集到的评价不断优化产品，改善奶茶的口味，让人们对产品更放心。久而久之，当网上有越来越多的产品正面评价时，他本人也可以被更多人接受和认可。此外，通过人们大量的传播，喜茶这个品牌也会发展得更好。

在面对不确定的环境因素时，人们往往更相信大多数人的选择，相信"群众的眼睛是雪亮的"，而不是一味地固执己见。当人们看到产品有很多正面评价时，就会对产品产生好感。当然，这种对产品的好感也会逐渐转移到产品开发者身上。因此，我们在打造个人品牌时完全可以利用人们的从众心理，借助正向评价让人们获得足够的安全感。

1.1.4　为什么你总是回购信任的品牌产品

有些人非常愿意支持自己信任的品牌，会无条件地购买甚至回购该品牌的产品。这是因为他们对品牌和产品形成了一种价值认同。在打造个人品牌时，这种价值认同非常重要。近年来，大家对董明珠有了更深刻的了解，也更愿意选择格力的产品。这来自人们对董明珠和格力的价值认同。董明珠愿意将自己充分、全面地展示在大众面前，从而获得大众的信任，并将这份信任转移到整个格力品牌上。

虽然价值认同只有短短的四个字，却贯穿了个人品牌战略、个人品牌定位、核心价值观、内容建设、个人品牌推广等诸多环节。那么，我们应该如何打造这种价值认同，使个人品牌实现广泛传播呢？具体可以从以下几个方面入手：

（1）在信息传递和沟通过程中，人们接触到的每一个动作、每一种语言、每一个文字、每一张图片，以及领导者的形象都非常重要。这些信息逐渐深入人们的认知领域，不断积累，最终形成价值认同。在打造个人品牌时，你要想让人们产生价值认同，前提是让人们充分了解个人品牌的价值，确保个人品牌对他有真正的吸引力。

（2）价值感是人们对个人品牌的价值判断、评估和认同，是一种精神价值。你若想真正实现个人品牌价值的最大化，吸引更多忠实的拥护者，比较好的方法是通过体系化的内容和逻辑去建立与优化自身形象，获得人们的认同，在人们心中营造出价值感。

（3）个人品牌是一个人内在价值的体现，也是价值观的体现。价值观是一个人在处事过程中推崇的基本信念和奉行的价值取向，这种价值观是一种信仰价值。对于大多数人来说，对一个人产生持久的认同，一个很重要的原因是对这个人的价值观非常认同。因此，在打造个人品牌时，我们要确立并传播自己的价值观。

正是如此，很多领导者的价值观最后可能都变成了企业的价值观。例如，任正非精益求精、敢于拼搏的价值观深刻地影响着华为，帮助华为打造了一支非常强大的团队。只有领导者的价值观被人们认同，人们也坚信他对价值观的践行是很到位的，他才会更持久地受到人们的尊重，人们也能形成"我信仰，我存在"的认同感。

1.1.5　为什么你会跟风购买名人代言的产品

在生活中，人们通常很难拒绝自己认识和喜欢的人的要求，这就是光环效应。一个人的某一正面特征会主导人们对这个人的整体看法。因此，人们会对自带光环的人产生好感，还会喜欢那些在价值观、个性、喜好、兴趣、生活方式等方面与自己相似的人。

就像很多企业都愿意花钱请名人代言产品，实际上也是利用了爱屋及乌的心理。企业可以借助名人的光环效应，从而将粉丝对名人的喜爱转移到企业和产品上。

现阶段，个人品牌的重要性不断提升，一些领导者也将自己打造成很受欢迎的"名人"，开始将自己变成产品和企业的代言人，借此更好地接近大众，从而进一步深化自己的个人品牌。这不仅是企业家做出的明智选择，也是代言的未来发展趋势。

从陈欧高调宣布为自己代言，到王石、雷军、陶华碧等知名企业家成为代言人，新时代的企业家似乎更倾向于走到台前，将代言变成打造个人品牌的渠道。例如，董明珠就将自己打造成格力的代言人，让自己的形象出现在电视的广告中、地铁口的电梯间、手机上的视频里等。此举不仅有利于加深人们对董明珠的了解，也可以借助董明珠的影响力带动格力的发展，对其自身和企业而言，大有裨益。

此外，企业家也需要一个途径传播自己的价值理念，为产品和企业代言则可以作为这样的途径存在。而且与名人相比，企业家往往对产品和企业有更深刻地认识，可以更好地找到个人品牌与产品、个人品牌与企业之间的正向联系，从而精准地把握商业价值的诉求点。

当然，事物都有两面性。如果企业家与产品、企业高度捆绑，那么背后潜藏的危险系数也不容忽视。因为企业家通常有独特的魅力，也有独特的性格，可以随时随地表达自己。在这种情况下，企业家一旦有不恰当的言行，那么很可能会给自己、产品、企业造成难以估量的损失。

所以，如果想将自己打造成代言人，那么我们就要谨言慎行，不要让一时的疏忽影响产品和企业的发展。与此同时，我们也要表现自己与大众的一致性，使更多人产生强烈的心理共鸣，让他们感觉找到了知音，从而进一步扩大个人品牌的影响力。

1.2 无信任不交易

信任是交易的第一步，没有信任就很难有交易。其实所有交易，归根结底都是因为信任二字。信任是交易的前提和基础。我们不妨试想一下，如果一个人不信任你，那么他会信任你的企业和产品吗？会愿意与你做交易吗？答案显而易见。因此，你要想跟对方的交易更密切，首先要建立信任，为自己和企业打造信任力。

1.2.1 为什么客户总是在付款前犹豫

有些人可能会有这种困惑：明明自己跟客户说了很多，却没有得到客户的信任。其中一个非常重要的原因就是这些人的个人品牌不强,客户缺乏安全感。在缺乏信任基础的情况下,一旦合作过程中出现问题,就会放大这种不安全感,客户也极有可能取消合作。

个人品牌能给人们一种清晰、有力的正面形象,可以向人们传达三个方面的信息:你是谁,你要做什么,什么使你与众不同。如果你有自己的个人品牌,那就能在客户面前展现自己的优势。此外,具有个人品牌的人更容易赢得客户的信任,给予客户更多安全感。这样的人能够在一众普通人中脱颖而出,向客户展示自己的特点,如十分讲诚信、服务更优质等。

个人品牌能够使客户相信"如果我选择与你合作,那么我就会得到更好的产品和更优质的服务",并向客户传达你的性格、能力、优势等信息,提高客户心中的好感,使客户期待与你达成合作。如果个人品牌传达了正确的信息,告诉客户与你合作会达到他们所期望的目标,那么客户就会信任你,也会从你身上获得更多安全感。

但事实上,很多人的个人品牌不强势,甚至没有个人品牌,这就大大地降低了客户的信任感。也许在合作前,你曾经向客户许诺了更好的产品和更优质的服务,客户也打算与你签订合同,但他们对你可能并不十分信任。如果你们在合作过程中出现了问题,客户就可能选择拒绝付款,终止合作。

1.2.2　信用保障是溢价的前提

人们能够接受的产品价格通常体现出该产品在人们心中的价值。在购买产品时,人们希望获得个人利益最大化,即用最低的价格买到最满意的产品。而产品方则是追求更高的利润,双方的核心点和出发点都是以各自的利益为主。

产品的价格不仅要让企业满意,还要让人们接受。那么产品的价格该如何确定？其中的核心标准又是什么？如果从规范的视角解读价格公式，购买者为甲方，品牌为乙方，双方都会选择对自己有利的陈述。但如何定案，又不能只听简单陈述，更重要的是证据。

这个证据就是双方交易产品的价值。产品的价值一般由功能性价值和其他附加价值构成。附加价值来自购买者对品牌的认同感和信任，在此基础上，他们愿意付出额外费用，最终形成品牌溢价。个人品牌的信用力能够为产品提供有效的信用溢价，这种信用溢价表现在产品上就是为产品创造更高的价值。

老干妈的产品在国内外都非常有名，市场上那么多同类产品，为什么老干妈能独占鳌头？除了质量占优以外，与其创始人陶华碧坚持打假的行为也密切相关。随着老干妈知名度的提升，假冒产品也不断出现。于是为了维护消费者的合法权益，陶华碧果断地走上了打假之路，严厉打击假冒产品。

此外，陶华碧也加强了对商标的保护，目前已经注册了 100 多个商标，包括"老干妈""妈干老"等。据说，老干妈每年都会投入 3 000 万元用于打假，也因此树立起陶华碧"对假冒零容忍"的个人品牌形象。陶华碧坚持打假的行为保护了其个人品牌，也为其创造了更高的信用力。这使人们在购买同类产品时，更愿意选择价格相对较高但信誉有保障的老干妈。

信用力可以提升人们对品牌的信任，其产生的溢价能够有效提升品牌的影响力。

1.2.3　企业家信用对企业品牌的意义

现在很多企业家都在积极打造个人品牌，希望通过自己的个性、理念、成就等多种因素形成独特感知。好的个人品牌可以转化成具有商业价值的社会资源。企业家可以通过独具特色的个人品牌增加产品的曝光率，通过建立人们对自己的认可来引导人们对产品的认可，达到产品营销的目的。

当越来越多的人因为认可企业家的个人品牌而购买了产品时，个人品牌对这些人就有了相应的承诺和责任。虽然这种承诺和责任是隐形的，但会对人们的选择产生非常大的影响。因此，企业家在打造个人品牌时，应该看到个人品牌背后的隐形承诺，并充分理解其价值。

这种隐形承诺，尤其是长期隐形承诺对产品的营销和企业的发展十分有利。一方面，长期隐形承诺反映了企业家的个人自信、产品自信和企业自信，可以有效地提高人们对企业家、产品和企业的信任，从而带动产品销售；另一方面，个人品牌是产品的隐形资产，人们在消费产品时，同时消费的还有个人品牌的价值，个人品牌能够影响人们对产品的选择。

小米公司 CEO（首席执行官）雷军就是利用个人品牌发挥隐形承诺价值的成功案例。雷军通过宣传自己的经营理念和创业故事，召开小米手机发布会，在微博上与粉丝互动等行为吸引了人们的广泛关注，成功打造了自己的个人品牌。而他所坚持的"消费者至上"和"注重细节的人性化设计"等理念也迅速被大众熟知并认可。雷军对个人品牌的经营展现了其对大众的隐形承诺，影响了人们的购物选择。

个人品牌树立得越长久，隐形承诺的期限也越长。长期隐形承诺对产品营销、企业发展有很大价值，同时还会反作用于个人品牌，使企业家的个人品牌更有信用力。

1.3 个人如何拥有影响力

你希望人们购买产品，希望人们赞同你的观点，希望人们喜欢你，希望人们对你保持忠诚……要做到这些看似很难，但实际上你可以巧妙地借助一种特殊的思维，那就是在商界很受关注的影响力。影响力会对你的事业发展起到非常重要的作用。

那么，个人应该如何拥有影响力呢？本节就来告诉你答案。

1.3.1 打造个人品牌，持续增强影响力

个人品牌更像是一种无形资产，可以通过突出个人优势降低信任成本，将个人价值商业化。其实，个人品牌未必能为你带来更多的交易筹码，但在相同条件下，拥有个人品牌可以帮助你更好地增强影响力，从众多同类对手中脱颖而出。

在打造个人品牌方面，个人品牌质能方程式是一个很不错的工具，即"$E=MC^2$"，如图 1-1 所示。按照这个方程式打造个人品牌，往往可以取得事半功倍的效果。

$$E = MC^2$$

Effect　Milestone　Content

影响力　6M里程碑指数　9C市值体系

图 1-1　个人品牌质能方程式

首先，E 代表影响力，通常与一个人的身份息息相关，如行业专家、企业家、新个体等，如图 1-2 所示。

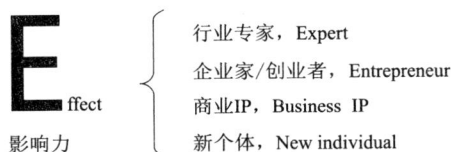

图 1-2　影响力标签

例如，秋叶 PPT 的创始人张志就将行业专家作为自己的身份，而且对打造个人品牌有清晰认知，会有意识地强化自己在用户心中的形象，不断提升自己的影响力。自秋叶 PPT 发布第一节 PPT 课程起，张志就着手打造个人品牌。经过多年的运营和打磨，秋叶 PPT 不断产出优质的课程内容，张志也早已成为众人眼中非常专业的 PPT 讲师。在网易云课堂的畅销页面中，有一半都是秋叶 PPT 的课程。

有了个人品牌的支持，张志就是人们在有相关需求时第一个想到的专家。10 年间，秋叶训练营的学员已经超过 200 万人，《和秋叶一起学 PPT》及《社群营销实战手册》等图书也常年位于当当网的畅销榜单。发展至今，秋叶 PPT 已经成为其他竞争者难以超越的存在。

可见，个人品牌价值的无限。

其次，M 代表 6M 里程碑指数，是指导大家包装自己的方法，如图 1-3 所示。成功的个人品牌不能单靠魅力，还要对自己进行包装，向他人展示自己的个性。例如，我们可以借助媒体效应把自己的产品推广出去，提升自己的影响力，不断积累个人财富。但也要注意，过度包装很可能会起到反效果，影响自己在市场上的形象和地位。

$$\text{M}\mathrm{ilestone}$$

6M里程碑指数

媒体效应，Media

方法论，Methodology

创作产品，Make products

市场效应，Marketing

个人财富，Money

财富影响力，Mammon

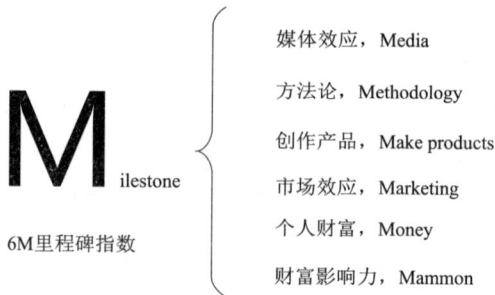

图 1-3　6M 里程碑指数

最后，C 代表 9C 市值体系，有助于提升个人品牌的市值，如图 1-4 所示。个人品牌不是一个商标，而更像是获取人们信任的标记。当个人品牌的市值越来越高时，其往往更值得人们信任，而 9C 市值体系则向人们提供了一个实现这个目标的渠道。

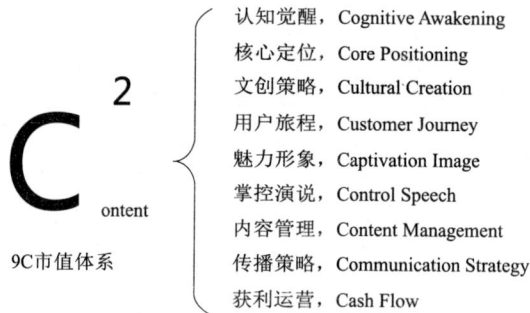

$$\text{C}^2\,\mathrm{ontent}$$

9C市值体系

认知觉醒，Cognitive Awakening

核心定位，Core Positioning

文创策略，Cultural Creation

用户旅程，Customer Journey

魅力形象，Captivation Image

掌控演说，Control Speech

内容管理，Content Management

传播策略，Communication Strategy

获利运营，Cash Flow

图 1-4　9C 市值体系

综上所述，个人品牌的打造不是一件一劳永逸的事，还需要我们根据市场需求不断迭代与升级。当个人品牌初步建立后，持续输出有价值、有深度的内容也是必不可少的环节。这样有利于进一步巩固自己在行业中的地位，让自己更受大家欢迎。

1.3.2　为自己贴标签,增强传播力

在这个信息爆炸的时代,再好的内容也会淹没在信息的海洋里。人们记不住内容,却能记住看过内容后的感觉,这种感觉就是人们给你贴的"标签"。如今,各种"引导流量""吸引粉丝"的方法只能带来泛流量。与你主动找粉丝相比,主动来找你的粉丝更精准,转化率也更高。所以,你需要主动增强个人品牌的记忆点,给自己塑造一个有吸引力的标签。

在塑造标签方面,影响力标签是一个非常实用的方法。个人品牌质能方程式"$E=MC^2$"中,影响力标签属于"E"的范畴。现在很多人都想塑造一个能让人们主动找到自己的标签,做好这件事的一个重要前提是明确自己的特点,瞄准自己吸引力最强的特点不断发力,从而获得广泛关注。

以"伊蔓频道"和"伊蔓音乐"为例,女性终身成长倡导者、个人品牌战略专家、她卓越品牌创始人、潮汕原创音乐人(如图 1-5 所示和图 1-6 所示)等标签都清晰地展示了她的身份,会让人们觉得她是一个自律、有行动力的人。人们好奇她是如何做到的,而且希望自己也能够做到。这样人们在对她产生兴趣的同时也会期待她后续发布的内容。

除了影响力标签,列出关键数据也非常重要。在传播个人品牌的过程中,用数据说话更有说服力,也能够使你迅速获得人们的认可。如果你的人生经历丰富,那就可以像剧本一样把标签纵向拉长,将自己获得的成就作为高潮点,这样可以在提高趣味性的同时,让大众感受到你是一个立体的、真实的人。

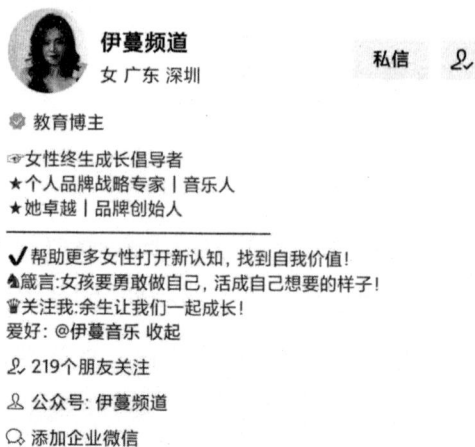

图 1-5 "伊蔓频道"上的标签

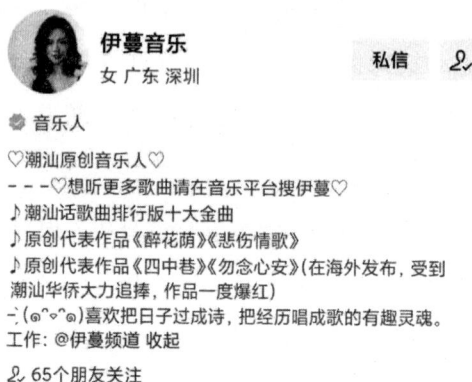

图 1-6 "伊蔓音乐"上的标签

好的标签通常不是固定的，它需要根据时代的发展不断积累和完善。优质标签的核心是你可以通过它获取人们的关注和认同，其关键在于围绕某一个点，持续积累势能。标签是对外传播的旗帜，也是人们认识你的方式。人们只有知道你是谁、做什么、做得怎么样，才有可能主动找到你，并成为你的忠实粉丝。

1.3.3　体现专业性,增强感染力

考研的枯燥和巨大压力可能会使很多学生望而却步,有一个人却让很多不考研的学生也对考研产生了兴趣,这个人就是考研界的网络红人张雪峰,他的讲座几乎每场都座无虚席。张雪峰的讲座为什么如此受欢迎?这其中既有偶然因素,也有必然因素。

偶然因素在于张雪峰风趣、幽默的讲课风格十分少见,不同于大多数老师严肃的讲课风格,他在讲座中妙语连珠,课堂气氛轻松、活泼。必然因素在于他会在讲座中为学生讲述丰富的考研知识,虽然他在台上妙语连珠、引人发笑,但一堂课讲完,该说的内容一点也不少,让学生收获满满。

张雪峰十分注重考研知识的专业性,为了更准确地为学生讲解考研知识,他认真搜集了四百余个研究生院校的专业信息,包括招生简章及历年录取情况等,不断完善自己的备课内容。在考研指导方面,张雪峰会为学生提供更丰富的考研信息,也会为学生讲解许多生动、鲜活的案例。这些都是他比其他考研指导老师更有优势的方面。

由张雪峰的案例可以知道,要想实现个人品牌在垂直领域的重度垂直,就要做到比对手更专业。我们应该如何达成这样的目标呢?具体可以从以下两个方面着手:

1. 明确个人品牌定位

任何品牌都有各自的市场定位,个人品牌也是如此。在明确个人品牌定位时,了解自己在哪个领域能够建立独有的优势是非常重要的。此外,个人品牌不是独立发展的,交叉赋能才更有效。如果你可以在多个领域交叉

赋能，那就可以极大地提升自己的专业性。

例如，某人在两个领域都具有丰富的专业知识，那么他就很有可能成为这两个领域交叉地带的专家。这两个领域的叠加能够提高他成为领先者的概率，而交叉地带则是他比对手更专业的部分。当然，这两个领域不能盲目地组合在一起，最好一个是他长期从事的领域，另一个是他喜欢且有兴趣的领域，这样的组合更便于深入学习。

2. 内容输出

个人品牌都有视觉印象，着装风格、言行举止等都是个人品牌的呈现。我们可以通过输出良好的个人形象扩大个人品牌的影响力。个人形象输出要与个人品牌的定位保持一致，例如，你的定位是职场精英，却穿得很休闲，那就会削弱个人品牌的影响力。

此外，内容输出也非常重要。我们可以利用各种传播渠道，有意识地输出个人品牌的内涵，提高公众认知。例如，在企业内部，企业家可以通过演讲、提出方案、推动变革等方式输出专业能力；在企业外部，企业家可以通过写作、公共演讲输出个人品牌。这两种方式都可以广泛传播，传播效应也会不断叠加，最终深化企业家在公众心目中的印象。

只有确保自己做任何事都追求极致化，才能超越常人。在打造个人品牌时，我们应该将自己的专业性做到极致，使自己的个人品牌更突出。极具专业性的个人品牌不仅可以加强人们的信任感，也有助于扩大个人品牌的影响力。

1.3.4 董明珠是如何为格力节省营销费的

董明珠被称为"铁娘子"，这与其"说一不二"的行事风格密切相关。在企业管理方面，她制定了严格的管理制度，并严格按照制度行事。例如，她规定员工不能在上班时间吃东西，当发现有员工违反规定时，就会对员工进行处罚。

同时，董明珠十分重视员工对于企业的忠诚度。格力有一条不成文的规定："如果从格力离开，那就永远不要指望再被格力接纳。"曾经有一名从格力辞职的员工联系董明珠，希望重返格力，尽管这名员工能力出众，董明珠还是拒绝了他的请求。

此外，在营销过程中董明珠也始终坚持自己的原则，不断创新。目前董明珠已经上线了"董明珠自媒体"，包括微信公众号、微博和今日头条等。"董明珠自媒体"自上线以来就成了董明珠与大众联系的重要纽带，会定期发布她参与的社会活动以及对直播行业等时下热点的看法，也会发布一些董明珠的日常照或生活片。

"董明珠自媒体"完善了董明珠的个人形象，深化了其个人品牌。在直播销售非常火爆的情况下，董明珠还亲自试水直播，首次直播即引来 400 余万人围观。2020 年 6 月 18 日，董明珠直播 4 个小时，销售额突破 102 亿元。此次直播吸引了大量观众，甚至有些人并没有购物需求，但依旧观看了直播。

在此次直播过程中，董明珠向消费者展示了格力产品的研发流程，也展示了格力的科技实力和对产品质量的高要求，还向邓亚萍、王自如等嘉宾展示了格力的明星产品。在直播时，人们不但了解到格力的产品，还了解到董明珠对科技创新和产品质量的追求。

综上所述，通过这些行为人们能够看到董明珠多方面的个人魅力。这种多方面的个人展示无疑丰富了董明珠的个人形象，也有利于其个人品牌的传播。

第2章
品牌定位:你想成为一个什么样的人

　　为什么你对雷军印象深刻?为什么你会信任董明珠?这就是一种品牌定位,他们清楚地知道自己想成为什么样的人。品牌定位有利于占领粉丝心智,使粉丝减少选择和思考的时间,直接做出消费决策。

2.1 展示你的价值

每个人身上的荣耀，展现的都是价值。一个不争的事实是，有价值的人往往更容易受到追捧，但偏偏有些人不会正确地展现自己的价值。在个人品牌越来越重要的时代，我们应该学会在大众面前表现自己，将自己的价值更充分地展示出来。

2.1.1 突出表现核心能力

如何进行个人品牌定位？最关键的就是找到自己的核心能力，在此基础上做自己最擅长的事。我们可以通过以下方法明确和表现自己的核心能力：

首先，分析自己。我们要分析自己在哪些方面比较擅长，所在行业的发展前景，有什么可利用的资源等。只有深刻地认识自己，才能找到自己的核心能力，从而不断强化自己的优势。如果你的方向是错误的，即使再努力也很难得到想要的结果。

其次，明确自己在哪个领域能够建立独有优势。前面已经说过，个人品牌并非只能定位在一个领域，交叉赋能可以使定位更鲜明、突出。如果你同时擅长两个领域，就可以在这两个领域的交叉地带明确个人品牌的定位。

这个定位往往最能展现你的核心能力。

例如，某企业家的主营产品为智能产品，同时其本人对互联网和人工智能领域都十分了解，能够提出自己独到的见解，此时这个企业家就可以定位于互联网和人工智能的交叉地带，将自己打造成很有经验的智能互联专家。

2.1.2　兴趣吸引同好

个人品牌的作用只是科普行业知识和宣传产品吗？当然不是，如果这样会显得你的个人品牌很无趣。即使你很权威、专业，也很少会有人愿意长期关注你。跟大家做朋友，大家才会自发地聚集在你的身边。没有人会与朋友每天讨论专业知识，兴趣和爱好才是朋友之间最好的黏合剂。因此，要想加强与粉丝之间的联系，就要明确粉丝的兴趣，继而传递自己的观点。

例如，知名企业家王健林就凭借自己健身、唱歌的爱好吸引了很多人的关注。之前万达集团在自己的官方微博上晒出了王健林的行程表，健身赫然在列，如图 2-1 所示。即使每天行程安排得很满，他也会抽出一部分时间健身。

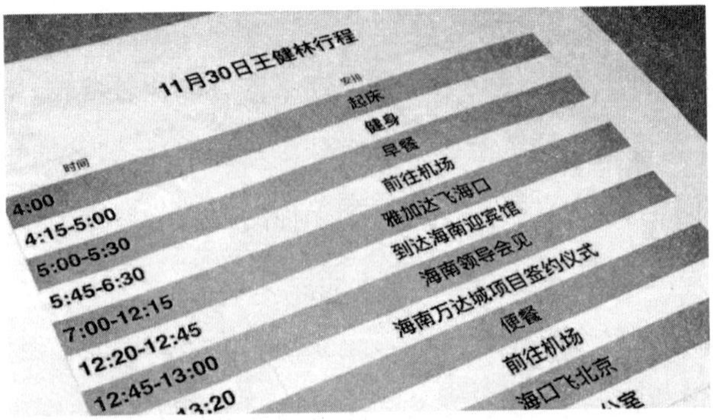

图 2-1　王健林的行程表

除了健身以外，王健林还喜欢唱歌，现在网上还能找到很多他唱歌的视频。在工作不那么繁忙时，他会用自己精心购置的 KTV 设备高歌一曲，有时也会在万达年会上唱歌。例如，他曾经在万达年会上唱了《向天再借五百年》，为员工鼓励打气。

与王健林相似的还有搜狐 CEO 张朝阳。张朝阳非常喜欢登山，他曾经登顶海拔 5 396 米的云南哈巴雪山；带领孙楠、李冰冰、高圆圆等明星登上海拔 6 206 米的启孜峰；带领搜狐登山队登顶海拔 6 178.6 米的玉珠峰和海拔 6 330 米的唐拉昂曲峰。

同样喜欢登山的人会对张朝阳产生强烈的好感，也会关注与他相关的新闻，进而会对他和搜狐产生浓厚的兴趣。可以说，张朝阳把自己的兴趣和爱好发挥到极致，并将其展示给大众，从而使自己的个人品牌更有魅力和吸引力。

通过上述两个案例可以知道，兴趣能够吸引人们，激发人们的好感，有利于个人品牌的传播和深化。因此，在打造个人品牌时，如果你想聚集更多的同好，那就培养和展示自己的兴趣，确保在传播个人品牌的同时还能让人们感受快乐。

2.1.3　展示权威的头衔

许多人都购买过畅销书，几乎所有畅销书的后面都有名人推荐语，例如，人文社科类图书经常是某所大学校长推荐，经管类图书经常是某家公司 CEO 推荐，如图 2-2 所示。这些人普遍有一个共同特点，那就是他们都有一个非常权威的头衔。

相比于企业的普通员工，人们似乎更愿意相信企业家提出的观点。这其实是受到了名人效应的影响。所谓名人效应就是名人会提升事物的影响力及人们模仿名人的一种心理现象。例如，名人代言广告刺激消费，名人出席慈善活动带动慈善行为等，这些都是在利用名人效应。

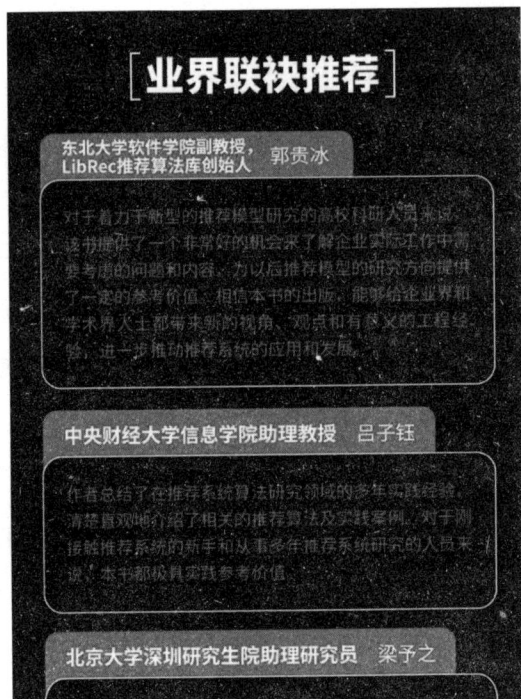

图 2-2　畅销书推荐人

我们应该如何利用名人效应？通常是写出自己权威的头衔，如职务、经历等，以达到增强个人权威性的效果。头衔比较权威的名人一般是普通受众认可的群体，这个头衔代表着名人在某个领域的成就，有利于将受众对名人的认可转化为对产品的认可。

2.2　增强个人辨识度

现在是一个注意力非常稀缺的时代,各类信息好像一块儿吸满水的"海绵",你只有将"海绵"里的无效内容挤掉,才可以让人们更好地接受其他信息。

在打造个人品牌时,我们最好选择一个切入点,将自己变成一个有辨识度的人,尽量传递一些简单、有价值的信息。想让自己有辨识度,就需要长期、固定、重复地宣传自己,培养主场意识,循序渐进,做到让人们一提到某个口号或者标签立刻想到你。

2.2.1　口号:用一句话介绍自己

口号是指代表观点、价值、个性的词语或金句,就是用一句话将一个人的个性展示出来,形成个人标签。当然,口号内容的设计要精心打磨,而且应该是有针对性、有说服力、有逻辑性的语言。

简单即王道,口号用一个词语或一句简短的话就占领了消费者心智,显然是一种高效的宣传策略。就像消费者提到安全汽车就会想到沃尔沃,提到大吸力抽油烟机就会想到老板牌抽油烟机,提到去屑洗发水就会想到海飞丝一样,这些品牌反复在消费者耳边重复"安全""大吸力""去屑"等词语,强化产品定位,用语言占据消费者心智。

对于个人品牌来说也是如此,简单、明了的口号能够加深人们对某个人的印象,在人们谈论、传播这一口号的同时,这个人的个人品牌也会随之传播。口号不是口头禅,而是能够体现独特观点、独特个性的个人语录或金句。

例如，雷军的口号"为发烧而生"，这个口号与他紧密联系在一起，当大众听到这句话时就会想到雷军。同时，由于口号足够独特，会使许多媒体广泛传播，为大众提供谈资，因此当大众谈论这些口号时，也会一遍遍地加深对雷军的印象。

如何打造自己的口号呢？你需要对口号进行优化，在保证精简的前提下，还要让口号具备足够的独特性。也就是说，口号要达到一种"语不惊人死不休"的效果，当然要建立在合规、合法的前提下。只有这样，口号才会吸引媒体报道，引发消费者谈论。

此外，口号还可以是你一直坚持的价值观，但价值观必须正确，这是打造口号的基本要求。有些人为了追求独特性，打造了价值观不正确的口号，这对个人品牌的建立和传播都是很不利的。

口号虽然简短，但它带来的价值是巨大的。我们只要根据自己坚持的理念明确自己的口号，就能用精炼的语言表达个人品牌的内涵。接下来，我们要做的就是不断向其他人强化这一口号，让他们了解并记住我们的个人品牌。

2.2.2 用标签丰满自己的角色

标签是最好的口碑营销。例如，一个创业者想要在信息大爆炸时代让更多消费者了解自己的企业，建立良好的人格与品牌认知，那么给自己贴标签是一个既能节约推广成本，又能提升品牌知名度的方法。标签带给这个创业者的不仅有热度，还有粉丝的参与感，以及企业价值观的免费传播。这样更容易拉近这个创业者与粉丝之间的距离。

当我们谈到知名企业家时，会想到很多人，如联想集团的杨元庆、东方希望集团的刘永行、长虹电器集团的倪润峰等。但他们的标签是什么？与消费者之间的关系如何？这些答案我们并不太清楚。即使这些企业的规模、影响力远超很多企业，但就企业家个人的话题关注度、网络影响力而言，远不及后起之秀雷军、罗永浩等人。

在竞争激烈、垂直细分的行业，标签要细分、精准。当你的标签不能引起人们的兴趣，就失去让人们了解你的机会。标签可以分为单标签和双标签两种，例如，江小白的标签是年轻化，创始人陶石泉的标签却有很多，如叛逆的学霸、理性的疯狂者等。

很多人身上似乎都有一种理念："创造价值，并让人们认可价值"。秉持着这样的理念，他们才会赢得人们的青睐和信任，才可以让人们的向心力足够强大。一个有标签的人与一个没有标签的人相比，最大的区别可能就是辨识度与认可度不同。

给自己贴标签是快速获得认同的一种很好的方式。当一个标签没有办法完全反映你的全貌时，你可以适当地给自己多贴几个标签。但是，你要确保每个标签都有现实依据，也都有存在的价值。

那么，我们具体应该如何给自己贴标签呢？

(1)当你无法回答"我是谁、从哪来、到哪去"等问题时，往往很难找准自己的定位，更弄不清楚自己所处的环境、位置，无法给自己制定好的发展方向，也无法给自己贴上合适的标签。同样地，当你不懂得如何向大众展现自己的标签时，那么标签的作用也很难发挥。

(2)让标签与价值观相吻合。一个合适的标签能让你从一众同类对手中脱颖而出，吸引人们的目光。人们通过标签直观地感受你的价值观与性格，并将标签向外传播。这样可以帮助你形成独特的标识，让人们一看到某个东西就立刻想起你，从而加强人们对你的认同感。

2.2.3　强化个人风格

有个人风格的人往往具备更高的辨识度。例如，雷军就凭借"劳模"特质塑造了自己的个人风格。2020年8月，雷军进行了一场主题为"一往无前，致敬过去、现在、未来每一位不惧考验，选择'向前'的人"的演讲。在演讲中，他回顾了小米公司的创立与发展经历，并发布了新品，使一众粉丝激动万分。小米公司能有今天的成就，离不开雷军的努力。

雷军本身就是一个手机重度爱好者，使用过非常多的手机，仅在微博上公布的手机就有上百款之多。小米公司成立后，雷军曾经在一年内使用了14款小米手机，亲自担起了小米公司内部第一测试员的重担。在小米公司创立之初，雷军就为自己贴上了"手机发烧友"的标签，从这个群体的角度，他宣告小米公司就是要提供极具性价比的产品。

后来小米公司的营业额突破千亿元。达到这一成就，华为用了21年，苹果公司用了20年，腾讯用了17年，而小米公司只用了7年，这离不开雷军的努力。雷军经常凌晨下班，下午吃中饭，晚上十一二点吃晚饭，致使员工从来没有在食堂看见过他。

雷军曾说："除了拼命工作以外，世界上几乎不存在更高明的经营诀窍。"创业不是一件简单的事情，一个成功的企业家也不是很容易造就的。从金山软件到小米科技，各个项目雷军都亲力亲为。当年为了进军游戏市场，他甚至还通宵玩游戏测试产品质量。

对于"小米之家"的开业工作，雷军也会积极参与，更何况是小米手机的发布。每次小米手机发布前，他都亲自为手机代言。他会累吗？当然会，但他乐此不疲，因为他是在为了自己的信念和梦想奋斗，愿意为了公司奉献自己，让自己创造更大价值。

雷军的勤奋不是用来感动自我的勤奋，而是由心中坚定信念驱使的一种宝贵精神。所以，他成就了金山软件，成就了小米科技，更成就了自己。他曾说："如果你要实现与众不同的梦想，付出不比别人多，怎么可能成功？难道智商比别人高一大截？难道你真的有特别的资源？成功不是那么简单的，只有一个秘诀，就是认真拼命工作。"

大厦不是一天建成的，需要水滴石穿地坚持。成功可以是一项事业，可以是一个爱好，也可以是一个小目标。但无论如何，都需要有"认真的态度、拼命的精神"。

2.3　如何让人们第一时间想到你

打造个人品牌有这样一句话："定位不对，一切白费。"定位的本质就是在人们心里占据一个独特的位置，让人们可以第一时间想到你。但如何以最快的速度达到这样的效果，则需要对自己有一个清晰、深刻的认识，并辅以相关配套策略，如深入某一领域成为"头部"等。

2.3.1　声量大：巧用"头部"的优势

在当下这个互联网高度发达的时代，产品的重要性已经不言而喻了，而对于专攻产品的人而言，应该恪守一个原则——决不做之一。现阶段，各种商业领域整体的大格局已经形成，接下来就应该是针对各细分领域的"抢夺战"。

我国有着众多的人口和巨大的市场，在这样的背景下，每一个细分领域都存在大量机会。因此，有条件、有头脑的人会想方设法成为细分领域的"头部"。如果你也想成为细分领域的"头部"，那就要掌握打造差异性的方法和技巧。

以开一家健身房为例，现在市场上的健身房相差无几，但如果有人可以将健身房定位成为女性提供产后身形恢复的场所，那么差异性就立刻产生了。健身是消费升级的产物，很多人往往只有在不能接受自己的身形，并有空闲时间的情况下，才有可能去健身，毕竟健身并不是一件非常轻松、愉快的事。

但是，产后身材恢复对于爱美的妈妈而言却是一个极大的痛点，而且意识到这个细分领域的人也非常少。基于此，如果产后身材恢复这个卖点可以被定位，那么背后的巨大市场将会落到一部分先行者手中，而这部分先行者也将有可能成为优秀的创业者。

当然，除了差异性以外，细分也非常重要。所谓细分就是要专注和聚焦，行业越细分，越能体现出专业性，成为细分领域"头部"也更容易。一个人如果可以将自己或自己的事业打造为细分领域"头部"，那就更能凸显个人品牌的巨大价值。

综上所述，我们需要打造差异性，立足细分领域，不断提高自己的专业度，从而提高个人品牌的价值。当然，与之相关的所有努力和结果都可以通过合适的媒体渠道、口碑渠道等有效地传播出去，让人们可以多维度、清晰地感受到个人品牌的价值，形成信任传达的闭环。

2.3.2 好感强：深入某一领域成为"头部"

深入某一领域成为佼佼者，给自己贴上"头部"标签是吸引注意力的绝佳办法。"头部"化标签可以让人们在提到这个标签时瞬间想到某个具体的人。例如，一提到商界"铁娘子"，人们就会想到格力的董事长董明珠。这些人之所以有如此高的辨识度，是因为其数十年如一日的个人品牌强化，不断加强标签与个人品牌的关联度。

放大镜之所以能产生火，是因为它是凸透镜，能够将平行的太阳光聚焦到一个点上，借此点燃处于焦点的易燃物。同理，在打造个人品牌的"头部"化标签时，我们要明确自己的定位，将重点聚焦于某一领域，着力发展自己在该领域的优势。

例如，讲师可以通过提出新概念或预测行业未来发展趋势等方式打造专业性标签；企业家可以积极与用户互动，将自己打造成平易近人的人。但无论从哪个角度出发，我们都要明确方向、持续深耕，这样才可以让自己的"头部"化标签变得更成功。

2.3.3　信任感：背书、数据、资质

为什么打造个人品牌需要信任感呢？因为很多人往往缺乏安全感，会怀疑某个人输出的内容其实只是他的自我宣传，而信任背书则能够为这种宣传提供支持，当然任何背书都必须建立在真实的基础之上。信任背书通常包括以下几种，如图 2-3 所示。

1. 产地背书
有些产地会代表一个大的产品品类，如瑞士钟表、法国香水、德国汽车等。这是因为这些产地在生产某些产品方面具有优势。如果你的产品属于这种类型，那就可以利用产地为产品背书，为产品进入更大的市场提供强大的说服力。

图 2-3　信任背书的形式

2. 媒体背书

部分媒体在大众心中有广泛的认知度和较高的信任度，当这些媒体为企业、产品、企业家等背书时，人们就会将对这些媒体的信任转移到对应的企业、产品、企业家。例如，当某个企业家被央视等权威媒体认可或称赞时，人们就会认为这个企业家值得信赖。

3. 名人背书

名人背书十分常见，例如，很多企业都会启用名人担任品牌的代言人。名人将自身信誉延伸到特定的品牌上，能够加深消费者对该品牌的信任。要注意，名人背书是一把双刃剑，一旦名人的信誉受损，品牌也会随之受到打击。

4. 第三方认证

第三方认证包括正式和非正式两种。正式的第三方认证包括 ISO9001（质量管理体系标准）认证、3C（China Compulsory Certification，中国强制性产品认证)认证等由第三方机构颁发的认证书。非正式的第三方认证包括官方销量数据、上市公司身份、与权威机构的合作关系、权威机构颁发的奖项等。

5. 本人背书

通过建立个人品牌，我们可以更容易地在各种场合向人们传递与自己相关的信息，让人们产生更强烈的好感。例如，一些企业家由于具有远见卓识、创新精神和强大的领导能力，在消费者心中形成了良好的个人形象。他们利用各种公共场合，通过讲故事的方式与消费者分享成功的经验和失败的教训，以此加深消费者对他们的印象。

雷军刚开始研发红米手机的时候，希望支持某地产业链发展，因此全部使用了某地器件。不过，在完成第一批次的生产后，雷军发现这一批次的红米手机达不到他预想的标准，不仅上网速度慢，而且使用不流畅。更糟糕的是，小米公司当时已经预订了 40 万台手机，如果放弃销售，就要损失上亿元成本。经过一段时间的认真思考，他还是觉得不能销售这批手机，但是，如此巨额的损失对处于初始阶段的小米公司来说又是一个很大的压力，该如何处理成了大问题。

最后，雷军与很多供应商进行深入的沟通和交流，此次事件以损失 4 000 万元成本告终。可见，为了让红米手机的质量更好，雷军付出了金钱上的代价，但此次事件大幅度提升了消费者对雷军及其产品的信任。

在打造个人品牌的过程中，你说出的每一句话、做出的每一个行动，不只代表自己，也代表一种公开承诺。如果你的所作所为不实，那你可能会为此付出高昂的代价。相应地，如果你用言行证明了自己，那就会大大提高人们对你的认可和信任。

2.3.4 亲和力：多讲故事少卖产品

在与其他人交往时，亲和力是非常重要的，不能只顾输出自己的观点而忽视了对方的感受。例如，为了让自己有亲和力，优秀的企业家会倾向于多讲故事少卖产品。这里所说的故事应该是有情感、有记忆点、励志的故事。故事能够激发人们的主动传播，而带有个人品牌色彩的人物故事可以在社交媒体中层层传递，最终触达目标人群。

下面用魅族创始人黄章的例子对此进行说明。魅族是中国最早做智能手机的厂商之一，其产品的显著特点是小而美。很多人对魅族的创始人黄章可能了解得比较少，其实他是一个非常有理想、有情怀、有亲和力的人。

黄章从幼年开始便对电子科技情有独钟，经常将家里的电话机拆开，观察里面的构造。儿时对电子科技的痴迷使他从小就有一个梦想——研制一款属于自己的电子设备。

在研制第一款手机魅族 M8 时，黄章付出了很多努力，几乎倾注了所有心血，最终凭着梦想的力量和不懈的努力使魅族手机成功上市。虽然第一款手机并不是那么完美，存在着不少漏洞，但依旧成为魅族手机的经典款，也成就了黄章。

魅族一代的漏洞一直是黄章的心结，他追求完美的性格是不允许这样的缺陷存在的。制造业很受推崇的"工匠精神"在他身上体现得淋漓尽致。即使是魅族手机中的低端产品魅蓝，他也要在工艺上做到近乎极致，尽可能地提高质量和性能。

黄章亲自参与魅族 MX3 的设计，先是用木头进行打磨，接着又进行 3D 扫描设计。但当真机放到他手上时，他总觉得不是自己想要的手感，在进行细致检查后发现有 0.07 毫米的误差。因为这 0.07 毫米的误差，他又花费重金重新制作。他追求完美，体现了极致的工匠精神，正是他的梦想和情怀促使着他要做出使消费者满意的优质产品，也正因如此魅族品牌获得广大消费者的好评。

通过黄章的例子，我们可以体会到梦想的力量和情怀的价值。如果黄章在宣传魅族手机时可以将自己身上的故事讲出来，那就可以让人们感受到他的真诚和努力。同时，讲故事的黄章也会有一种独特的亲和力，让人们觉得自己跟他之间的距离也没有那么远。

所以，我们要多讲故事，用真实和真诚打磨故事，让自己在人们心中熠熠生辉。

2.3.5 忠诚度：关注高忠诚度粉丝

自媒体界有句名言，"粉丝越忠诚，收益越丰厚"。确实，在获客成本越来越高的当下，忠诚度高的粉丝应该受到更多关注。这些粉丝往往会多次购买产品，还会吸引更多用户，促进个人品牌的建设和发展。以 papi 酱为例，她就非常重视自己的忠实粉丝，她制作的短视频和推出的产品都与这些粉丝的需求相符。她通过短视频运营、打造个人品牌等方式让粉丝有极高的忠诚度，实现了流量商业转化，获得了非常不错的收益。

打造"一条"的徐沪生也重视粉丝运营。徐沪生将粉丝定位为注重生活品质的中产阶层，为了符合这些粉丝的需求，他的短视频选取的场景往往都比较文艺、高端，充满浪漫气息。中产阶层是收入中等的阶层，这个阶层比较抽象，生活模式更是难以具体。然而，自从"一条"出现后，中产阶层的生活模式就有了定义，那就是追求富含美学、高品质的生活。

　　徐沪生之所以会选择中产阶层作为目标群体，主要是因为他本身属于中产阶层，对这个阶层有更深刻的了解。他知道中产阶层的喜好、习惯，而且只要是中产阶层关心的方面，他就从来不会马虎。在此基础上，他制作出了真正有吸引力的短视频，很好地培养了粉丝的忠诚度，使自己的用户范围进一步扩大，可谓一举三得。

第3章
形象包装：你符合人们的固有认知吗

随着工作的升级和事业的发展，无论你是否愿意，你都需要以某种形象出现在大众面前。这个形象或独特或普通，或时尚或平易近人，或严肃或亲切，总之，你要有一个适合自己的形象，这个形象对打造个人品牌是有很大作用的，是不能忽视的。

3.1　形象与个人品牌的关系

你对一个人的评价和感觉，就是这个人在你心中的形象。也就是说，形象是一个人留在其他人心中的印象。而个人品牌则是一个人留在其他人心中的持续、稳定、难以磨灭的印象。从这个角度来看，形象与个人品牌有十分密切的关系，甚至可以等同于个人品牌。

3.1.1　首因效应：第一认知有多深刻

在与其他人见面时，最开始的前几秒是十分重要的，我们可能会下意识地根据对方的相貌、服饰、声音、动作等，对对方的性格和特点进行一定的判断。这种先入为主的心理在心理学上被称为"首因效应"。第一印象虽然未必正确，却最鲜明、深刻。

个人品牌传达出来的形象要基于定位。以短视频运营者"玩皮的亭子"为例，她将自己定位成"大牌包手工改造达人"，具有偏质朴、原生态的职业特征。她会通过视频完整地展现改造产品的过程，增强人们对她的信任。在人们建立起信任后，会更放心地将产品交给她改造。

在服装方面，亭子基本都会选择橄榄绿、咖啡色等大地色系，朴实的大地色系会给人踏实、质朴、还原本真的心理感觉。同时，工作室里大量的材料和家具也大多为原木色或棕色，场景色调与大地色系的服装搭配起来也十分和谐。

需要注意，个人品牌首先要做的是差异化定位，不需要过度追求外形上的美，更重要的是能够强化"人设"或是能对产品传播起到辅助作用。精致的妆容反而与偏质朴的手作人"人设"有冲突，符合定位的角色形象才能强化辨识度。

外在形象只是一个方面，更重要的是个人品牌的精神内核，建立独特的精神内核才是打造个人品牌的关键。很多人深谙形象的重要性，希望自己能够建立起幽默、平易近人的形象。例如，雷军、董明珠、张瑞敏、黄章等都建立起独特的形象，并取得了不错的效果。

最后提醒大家的是，如果单纯地为了吸引注意，建立个人品牌而去做一些带有负面影响的事，知名度确实可以得到提升，但形象无疑会受到损害。

3.1.2　形象＝个人品牌

从价值维度来看，个人品牌拥有无形价值和有形价值。形象作为有形价值中的一个重要组成部分，往往可以代表个人品牌，为个人品牌带来更强大的影响力，如图 3-1 所示。

例如，俞敏洪的自律，进一步深化了他的个人品牌。俞敏洪于 1993 年创办了新东方。2006 年，新东方于美国纽约证券交易所上市。发展至今，新东方的业务已经囊括考试辅导、职业教育、语言培训等几大类，可以满足各个阶段学生的需求，在我国的教育市场中占据重要地位。

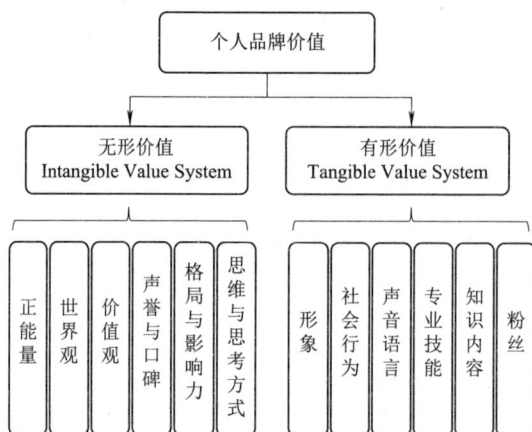

图 3-1　个人品牌价值

　　新东方致力于弘扬奋发向上的精神，而俞敏洪就是自律的典范。大学期间，俞敏洪坚持长期、重复地背诵单词。在长期自律下，他背下了数万个单词，最终成为一名优秀的英语老师。在创办新东方后，他坚持给学生上课，每天少则 6 个小时，多则 10 个小时。他坚持看书，不断用知识丰富自己，让自己的思维变得敏锐。除了处理公司事务，他每年还有七八十场遍布全国各地的励志讲座。他要做的事情很多，而能够井井有条地处理这些事，离不开其强大的自律性。

　　这种自律逐渐形成了俞敏洪的个人品牌，同时自律的形象衍生出丰富的精神价值，在提升个人品牌价值的同时，也带动了新东方的发展。他在讲座中传授学生学习方法，以自身经历鼓励学生，指导学生就业或创业，为无数学生指明了方向。

　　俞敏洪自律的形象产生了巨大价值，为其积累了强大的影响力。由此可见，形象即个人品牌。我们要严格要求自己，通过打造良好的形象实现个人品牌价值的提升。

3.1.3　加强声誉管理，避免"人设崩塌"

声誉是指一个人获得公众信任和赞美的程度，能够反映出这个人在公众心中的形象。声誉是打造个人品牌的重要因素，声誉良好的人能获得较高的社会地位，拥有更强的影响力，这对于打造个人品牌而言十分有利。

因此，在打造个人品牌时，我们要重视声誉管理。声誉主要源于三个方面：专业水平，包括在相关领域的专业能力、业绩等；道德素养，包括信用记录、生活品德等；社会地位，包括对社会的贡献及各种荣誉等。我们要根据声誉的来源有针对性地进行声誉管理，避免出现"人设崩塌"的现象。

首先，我们要不断提高自己的专业水平，丰富自己的见识，同时通过参加会议、采访或通过自媒体、微博等渠道持续输出专业和独特的见解；

其次，我们要不断提高自己的道德素养，在社交过程中讲诚信，输出正确的世界观、人生观和价值观；

最后，我们要勇于奉献，创造更多的社会价值。

在进行声誉管理时，我们需要注意，声誉管理是一项长期工作。也就是说，我们要进行持续的声誉管理，不能放松。有些人在建立起一定的声誉后就忽视了对声誉的持续管理，这样并不利于个人品牌的打造，因为声誉有损，个人品牌势必也会受影响。我们要谨言慎行，避免声誉受损而对个人品牌造成不良影响。

3.2 内在形象设计

内在形象不仅体现了素养，更体现了一种生活态度。我们应该有一个与自己相符的内在形象，向外界展示一个有魅力、有能力、值得信任的自己。只有这样做，我们才会更受欢迎，从而使自己的工作和事业获得更好的发展。

3.2.1 明确"我是谁"，建立清晰的自我认知

建立清晰的自我认知非常重要，在这个过程中，我们要解决以下几个问题：

1. 我是谁

第一步是解决认知问题。"我是谁"是对个人品牌的具体定位，是个人品牌延续的主线方向。只有对自我有一个清晰的认知，即自我认知，才能进行后续的 IP 加深。

在自我认知方面，自我认知九宫格模型非常实用。我们可以从个人成长、情感生活、兴趣爱好、财富金钱、专业技能等方面实现自我认知，找出自己独特的价值，如图 3-2 所示。

2. 我从哪里来

"我从哪里来"是要客观地看待自己，对自己的成长过程进行梳理，给自己一个客观的评价。在梳理成长过程时，我们可以使用成长曲线思维，如图 3-3 所示。

个人成长	情感生活	创意表达
职业发展	健康健身	兴趣爱好
财富金钱	娱乐游戏	专业技能

图 3-2　自我认知九宫格模型

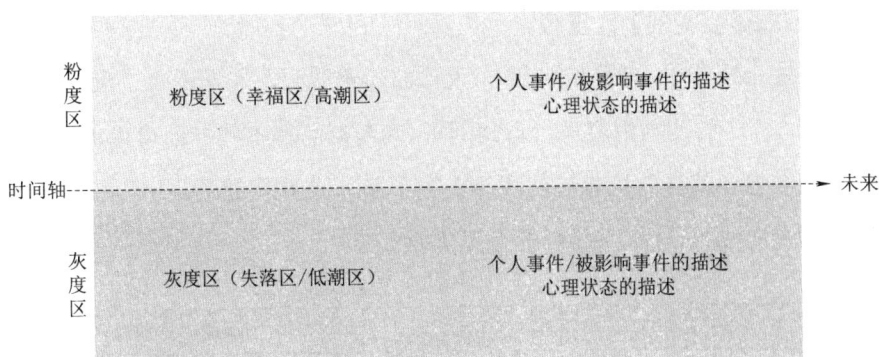

图 3-3　成长曲线思维

在成长曲线思维的指导下，我们可以列出重大事件及其对心理状态的影响，进行粉度区与灰度区的划分，客观地为个人品牌进行定位并制定深化措施。例如，某创业者将赚到第一桶金、获得大奖、公司被收购等重大事件分别放在合适的位置，将成长过程绘制为成长曲线，从中提炼出自己的心理状态，对自己进行更深刻的认知，如图 3-4 所示。

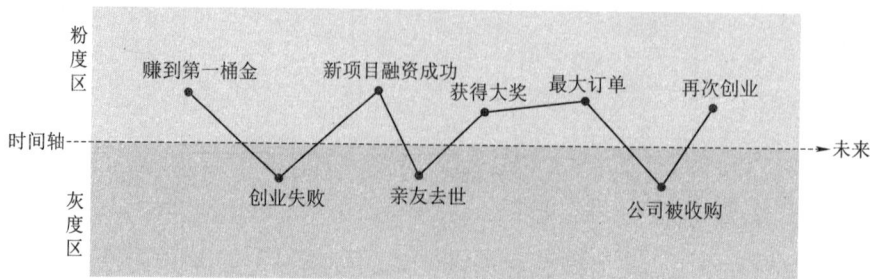

图 3-4　成长曲线绘制模板

3. 我到哪里去

"我到哪里去"其实是在进行个人诊断。在了解自身优势与劣势的基础上，更合理地为打造个人品牌制定措施，把短期目标和长期目标结合起来，升级内在认知，实现个人重塑。

在这个环节中，双重 SWOT 个人诊断与重塑画布非常重要。我们需要根据图 3-5 中的四项内容进行自我剖析，判断自己在哪些方面有待加强，未来可能会遇到怎样的机遇与挑战等。当了解了这些问题后，我们就可以一步步地走向成功，让个人品牌变得更优秀。

个人诊断 SWOT		重塑关键点	个人重塑 SWOT	
我的优势 （现状）	我的劣势 （现状）		我的优势 （重塑后）	我的劣势 （重塑后）
我的机遇 （即将面临）	我的挑战 （即将遇到）		我的机遇 （新的）	我的挑战 （新的）

图 3-5　双重 SWOT 个人诊断与重塑画布

我们要注重内在认知的升级。从"我是谁"到"我从哪里来"，再到"我到哪里去"，这是一个不断升级的过程。个人品牌打造也是如此，我们要通过这三个问题不断探究自我，实现精准定位，争取获得更多人的支持和喜爱。

3.2.2　如何提升个人魅力

互联网时代，大众视野中逐渐出现了许多"网络红人"。这些人带有独特的个人魅力，并由此吸引了一大批人追随，产生了粉丝效应。可见，自身光环可以成为打造个人品牌的有力武器。

那么，我们应该如何打造个人魅力呢？可以从以下几个方面入手，如图3-6所示。

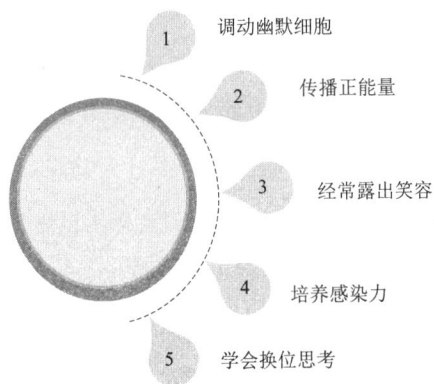

1　调动幽默细胞

2　传播正能量

3　经常露出笑容

4　培养感染力

5　学会换位思考

图 3-6　打造个人魅力的五个方面

1.调动幽默细胞

幽默的人通常会更受别人喜欢。因此，在与其他人沟通过程中，我们可

47

以换一种比较轻松的表达形式，这样不仅可以提高个人魅力，还可以活跃气氛，一举两得。一个有幽默感的人可以让对方感到开心、愉悦。

2. 传播正能量

我们要尽可能地多传播正能量，而不能传播负能量。这样既能让人们感受到你满满的热情和能量，又能增加他们参与交流的积极性。如果能让人们将你的形象跟正能量联系到一起，那么你的个人魅力也会有不小的提升。

3. 经常露出笑容

经常微笑的人可以带给别人温暖，也能给别人一种天然的亲和力。很多比较受欢迎的企业家或名人都是非常平易近人且自带亲和力的。不苟言笑的人会给对方一种距离感，不利于与对方拉近关系，提高信任。

4. 培养感染力

提升个人魅力必不可少的一个步骤就是培养感染力。例如，你要确认自己的发言是有理有据的，最好能代表一部分人的观点，让自己引导别人的想法，而不是被别人的想法引导，这样人们就会不自觉地追随你。价值观相似是让人们产生认同感的前提，一旦人们认同了你的价值观，你的个人魅力就能在人们心中得到提升。

5. 学会换位思考

对于想打造个人品牌的人来说，学会换位思考是非常重要的。例如，你在每次发言前不妨先思考一下，这样说对方可以理解吗？他可以接受吗？会不会伤害到他？把这些问题都考虑清楚后再发言。

一个人的个人魅力一旦提升到一定的水平，这个人就会自带影响力，不

需要做太多事,人们就会主动依附,贡献流量。这就是粉丝效应的强大
力量。

3.3　外在形象设计

　　虽然一个人的内在形象非常关键,但外在形象也是不可以忽视的,要想
提升影响力,打造一个良好的外在形象很有必要。例如,着装方式尽量符合
个人气质。打造良好的外在形象既是尊重自己,也是尊重其他人,而且可以
增强自信,更顺利地赢得其他人的信任和好感。

3.3.1　着装方式:符合个人气质

　　图像可以富有情感,而文字却很难,例如,一张孩子的照片会比"孩子"
这个词唤起人们更多的情感。再例如,人们在看电影时很容易哭或笑,看书
时却很少流露情感。

　　图像可以唤起人们的感情,即使电影和书讲了同一个故事,带给人们冲
击力更大的依然是电影。因此,在打造个人品牌时,我们要注意视觉的
影响。

　　事实上,已经有很多人都打造了独有的形象。例如,提起乔布斯,人
们总是会浮现出他身穿圆领衫、牛仔裤的形象。乔布斯十分喜欢这样的
穿搭,不仅是因为方便,更是因为这种固定的穿衣风格就像是一种签名,

能够加深人们对他的印象。由于他总是以这样的着装出席苹果公司发布会和其他各种活动，这一套着装也成了他的标志，成了一种独特的视觉锤。

乔布斯的形象符合他的个人品牌定位。你也可以根据自己的气质和个人品牌定位设计与自己相符的形象。例如，如果你想打造"商业精英"的形象，那就以身着西装的形象示人，为了突出自身特色，你还可以在西装的颜色上与其他人进行区分。

不论选择什么样的装扮打造自己的形象，都要长期坚持这一选择。一个人只有长久地以某种形象出现在大众面前，才能够一遍遍地加深人们对其形象的记忆，这一形象才能成功地成为他身上的独特标志。

3.3.2 行为方式:超脱个人身份

一个人的行为方式如果可以超脱他的个人身份，那么他更容易被人们记住。尤其是一些知名度比较低的人，更应该用一些大事让自己获得关注。例如，刘健是一家商贸公司的创始人，经过十余年的发展，公司的规模逐步壮大，而他也通过坚持做慈善成了当地的慈善家。

2021年4月，在某市中心广场，刘健举办了一年一度的家装文化节。此次文化节如往年一样吸引了许多人的关注，刘健在文化节中表示，此次文化节中售出的所有产品的收益都将捐给山区的学生。在文化节中，刘健在推销产品的同时还积极号召大家为山区的学生募捐。家装文化节结束后，刘健第一时间将文化节10万余元的收益通过慈善组织捐给了山区的学生，并在公司的官网上出示了捐款明细。

同时，为了帮助山区大学生完成学业，刘健以自己的公司为先锋，同时动员了市里其他几名企业家，共同搭建山区大学生就业平台，打造就业实践基地，为山区大学生的寒暑假提供实习机会，使他们不仅能够挣到学费，还可以积累工作经验。

为了回馈社会，刘健还会在节假日组织志愿者为敬老院送去爱心礼物，陪伴老人过节。2020 年春节期间，刘健组织公司员工一起来到当地的敬老院，为敬老院的老人带来了衣服、棉被、牛羊肉及水果等物品。在敬老院，刘健和员工为老人表演了精心准备的各种节目，又与老人一起包了水饺，陪伴老人过新年。

正是由于刘健在慈善事业上的不断努力，他的个人形象得到了一步步的提升，个人品牌也随之建立并逐步完善。通过当地新闻媒体的报道，刘健获得了更多人的关注，其个人品牌的影响力也更深远。在刘健越来越受关注的同时，公司产品的销量也在不断提高。许多人通过认识刘健了解了其公司的产品，也有一些人希望通过购买公司的产品为慈善事业贡献自己的力量，这使得刘健的公司不断发展壮大。

除了慈善以外，我们还有很多超脱个人身份的事情可以做，但要选好方向，不要为了博取关注而损害了自己的个人品牌。

3.3.3　生活方式：符合大众想象

很多人愿意将自己的生活方式展现给大众，希望建立一个平易近人的形象。在这方面，王石就做出了成功的范例，值得大家学习。

王石也是通过做小事这一原则成功建立了"人设"。王石的腰椎一直不太健康，甚至已经被医生下了"随时瘫痪"的通牒。即使如此，他还是做了一个重大决定——去西藏。自从西藏之行顺利完成，王石接触并且喜欢上了登山。于是，为了可以登上珠穆朗玛峰，他坚持锻炼身体并最终实现了这一梦想。

对于王石的这一做法，有些人认为是不务正业，他却觉得这是在为自己和万科树立形象："其实运动文化对形象塑造是有很积极意义的。就像我登珠峰，开始只是我个人的爱好，但没有想到后来对万科的影响会那么大，而且都是一些正面的肯定意见。"

王石为自己塑造的积极进取形象非常符合社会的需要，这种爱运动的形象为万科带来了不少益处。

3.4 社交形象设计

任何一个人都离不开社交，这就要求我们为自己设计一个良好的社交形象。在社交过程中，良好的社交形象有利于改善人际关系，促进我们与其他人的沟通、交流，缓解和避免不必要的矛盾，进一步深化我们的个人品牌。

3.4.1 通过连接与人们建立关系

在人与人的关系方面，"六人法则"一直很受关注，即两个陌生人可以通过六个人建立关系。如今人与人之间的连接十分简单，通过社交媒体就可以直接与自己想联系的人进行沟通和交流。

互联网将大部分人都联系在一起，形成了一个巨大的网格世界。在这个网格世界中，每个人都是一个节点，散发着或大或小的光芒。影响力巨大的意见领袖散发的光芒较大，普通人散发的光芒较小。前者是网格世界的核心节点，其在经营理念、行业理解、趋势把握等方面对其他节点上的人有更大的影响力。这种影响力可以扩散出去，形成更强大的力量。

例如，创始人走到台前为自己企业的产品代言，就能够发挥很大的作用。雷军和他的团队及粉丝在微博上形成了一个巨大的、充满许多节点的网格世界，小米公司的任何一条产品信息都可以通过这个网格世界与粉丝连接，传递到更远的地方。这样的传播方式快捷、便利，而且信息是可控的、真实的，是广告传播不可比拟的。

在网格世界中，每个人都应该利用自己的影响力发光、发亮，只有将自己的能量释放出来，才能够带给自己信心，获得其他人的信任。

3.4.2　如何打造一个有吸引力的微信朋友圈

朋友圈背靠着微信这棵大树，是一个流量巨大的地方。如果我们可以将其充分利用，将非常有利于个人品牌的传播。据腾讯公布的数据显示，微信中 80% 以上的流量都来自朋友圈，所以，当你把相关信息发布到朋友圈后，不仅能够获得微信好友的关注，还相当于为产品和品牌的推广拓展了一个非常不错的渠道。

在把相关信息转发到朋友圈时，很多因素都是需要考虑的。例如，搭配的文字内容不能太长，因为朋友圈对文字内容有限制，通常只有 5 行，一旦超过这个限度，文字内容就会被折叠起来，只有点击"全文"才可以完整查看，而一般人是不愿意再多点一步去看折叠内容的。

为了避免上述问题，我们应该学会提炼关键词，争取把长内容变成短内容。例如，你发布了自己的美妆产品到朋友圈，那就可以把"化妆""变美""好用的美妆产品"等作为关键词，这样可以吸引对美妆感兴趣的微信好友，并让这些好友转发。

除了让相关信息出现在自己的朋友圈以外，我们还要让这些信息出现在微信好友的朋友圈中。这不仅可以帮助我们尽快把个人品牌传播出去，还有利于加强存在感和提升竞争力。而且，这样可以让我们获得扩大交际圈的机会，为之后的跨界奠定基础。

当你把相关信息发布到朋友圈后，这些信息会被微信好友看到，而这些微信好友可能会有一部分变成产品的忠实用户。如此一来，产品就可以不断扩散，你的影响力也会有很大提升，最终达到快速积累人气和推广个人品牌的效果。

在吸引粉丝和传播个人品牌方面，朋友圈确实可以发挥作用。但大家要想充分利用这个渠道，应该把握好尺度，千万不要试图刷爆朋友圈。因为即使是最亲密的微信好友，也很难忍受一个人每天发十几条甚至几十条的朋友圈。

第4章

内容设计:好产品是个人品牌生存的保障

个人品牌要想长久地生存下去,应该打造强有力的保障。这里所说的保障可以是能转化获利的产品、极具专业性的文章,也可以是公共演讲、课程,甚至可以是直播。大家不妨从这几个方面入手进行内容设计,不断丰富自己的个人品牌体系。

4.1　规划产品矩阵，抢占注意力资源

商业活动的底层逻辑就是想方设法抢占注意力资源，你只有知道如何吸引人们的注意力，才可以在竞争中取得胜利。在这个方面，你首先要做的就是规划产品矩阵。例如，可可·香奈儿就十分重视产品打造，坚持为人们提供真正的高质量产品。

4.1.1　设计能商业转化的产品

现在已经进入"产品为王"的阶段，而这也意味着商业本质的回归。高质量的产品不需要过多地宣传和推广也可以获得人们的青睐。自新零售时代到来后，各大巨头纷纷在线上与线下发力，不断改进产品质量，打造能商业转化的产品。

例如，香奈儿(Chanel)对待产品的认真态度可圈可点。提起香奈儿，首先映入脑海的就是各种各样的产品，如经典山茶花系列、5号香水、简约的斜纹软呢料套装、精致的菱格纹皮包、时尚的黑头高跟鞋等，如图4-1和4-2所示。

随着岁月的沉淀，香奈儿的形象越来越立体，产品质量也有了很大提高，这都是激发购买欲望的催化剂。如今香奈儿旗下的产品种类越来越多，除了服装、香水，还涉及珠宝、化妆品等。这些产品之所以能被很多人喜爱，

与香奈儿创始人可可·香奈儿坚持的两种理念密切相关，如图 4-3 所示。

图 4-1　香奈儿的菱格纹金屈链皮包

图 4-2　香奈儿的黑头高跟鞋

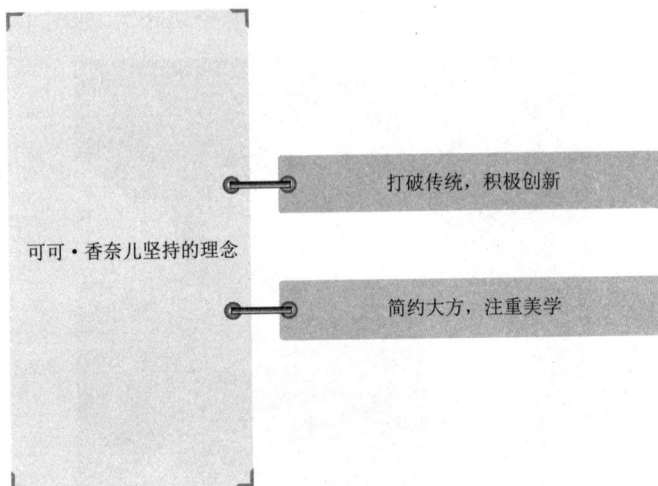

图 4-3   可可·香奈儿坚持的理念

1. 打破传统，积极创新

在产品设计方面，可可·香奈儿敢于打破传统，积极创新。实际上，她本人非常热爱交际，愿意参加聚会，结识各界的知名人士，特别是知名男性。与此同时，交际过程也是她积累灵感的过程。基于对男性的了解，可可·香奈儿将帅气、利落的元素融入女性服装，让女性服装展现出极度的优雅，从而改写了服装行业的历史。

2. 简约大方，注重美学

可可·香奈儿崇尚简约大方，注重美学，她说："Less is More（简约就是美）"，同时还深入解释："我的美学观点跟别人不同，别人唯恐不足地往上加，而我一项项地减除。"正是这样的理念，缔造了 5 号香水的传奇。

5 号香水的外观设计非常简约，在同时代的香水中，它甚至显得有些另类。因为展示台上的香水都极尽繁复华美之能，用各种元素对香水进行包装。而 5 号香水的瓶子晶莹剔透，就像一个天然的药瓶。正是这种简约的外观设计为 5 号香水增添了新的美学魅力，进而吸引了一大批同样喜欢简约的粉丝。

对于很多人来说，做产品非常难，做高质量产品更是难上加难。于是，这些人开始转变思路，根据市场需求做自己的产品。当然，也有一些人对自己做产品的能力非常有信心，所以就愿意专心做自己心目中的产品。但无论哪一种，唯一不变的就是，产品质量要得到保障。

4.1.2　选择适当的新媒体矩阵

利用新媒体平台打造个人品牌，非常关键的一步是建立新媒体矩阵。举例来说，一个人在微博上注册了账户，也在知乎上开通了相应的版块，这样两个平台相互作用，就能够使个人品牌在宣传时得到更好的效果。新媒体矩阵的建立一般都是分成三个阵营的。在进行新媒体推广时，最好的方式就是将这些阵营利用起来，构建新媒体矩阵。

1. 第一阵营

在进行品牌宣传时，首先就是在微信、微博和知识型平台上进行宣传。之所以将这三个平台作为第一阵营，主要是因为这三个平台的用户比较多，宣传力度大，传播范围广，个人品牌塑造能力强，而且操作起来相对方便，成本较低。

2. 第二阵营

进行个人品牌宣传的第二个阵营就是视频和直播平台。在进行视频和直播时主要包括以下几类内容：信息披露、品牌宣传、网红代言、客服沟通、娱乐活动和线下互动＋线上直播整合传播。这几类内容的直播可以加深人们对个人品牌的认识，了解产品和企业的整体状况。

3. 第三阵营

新闻平台是进行个人品牌宣传的第三个阵营。在前两个阵营中，个人品牌已经在大众心目中占据了一定的地位，也有了一定的粉丝基础。此时我们就要将推广力度加大，使推广范围变广，新闻平台就可以满足这种要求。相比于前面两个阵营，新闻平台涉及的领域会更广阔，而且受到的约束也相对较少，这样能够在最大限度内加强对个人品牌的宣传。

值得注意的是，在第二或第三阵营进行个人品牌推广时，第一阵营的推广也要同步进行。这三个阵营的宣传是逐步递进的过程，而且宣传要从始至终地进行下去，不能顾此失彼，这样个人品牌推广才能有更好的效果。

4.1.3 如何给产品定价

我们在为产品设定价格时会使用基于成本的定价、基于竞争的定价、基于价值的定价等方法。基于成本的定价很好理解，只需要知道产品的成本，并提高标价以创造利润即可。该定价方法的计算式：成本＋期望的利润额＝价格。这种定价方法的好处是不需要进行大量的市场调研就可以直接设定价格，并确保售出的每个产品可以有回报。

基于竞争的定价也比较简单，我们需要"监控"竞争对手对产品的定价，并设置与其相对应的价格。在充分市场化的态势下，这种方法可能会带来价格战，因此被称为"向下竞争"。

基于价值的定价是我们最应该掌握的方法。该方法是指基于购买者可能对产品（品牌）产生的"价值感知"来定价，也可以称为场景体验定价法。我们需要专注于自己可以带给购买者的价值，分析购买者愿意为产品支付的价格，从而根据这种"价值感知"设定价格。

这种方法需要进行充分的市场研究和分析，了解最佳受众群体的关键特征，考虑他们购买产品的种种原因，了解产品的哪些功能对于他们来说是最重要的，并且知道价格因素在购买过程中的占比情况。

在实际操作中，我们应该以"价值定价"为基准，兼顾基于竞争和成本的定价。通常能创造独特价值，就可以享有更高的价格控制权和获得更丰厚的利润。例如，与其他咖啡相比，星巴克的咖啡价格比较高，这是因为其价格中包含着服务和社交体验的"品牌溢价"。

脑白金为什么比其他保健品贵一些？因为它不仅是保健品，更是一种礼品。礼品需要体现出赠送者对受赠者的关爱，要让赠送者觉得"有面子"。这是大众关注的价值，一个高于普通保健品的价格能更好地表现出这种价值。

为了做好价值定价，我们通常要展开详尽的调研。Gabor Granger 法用于研究当产品价格出现变化时，人们购买意愿的变化，又被称为价格断裂点模型。我们可以通过该模型找出销售额最大的价格点，具体流程如下：

首先，向人们呈现产品，并将准备好的一系列价格按照由低到高的顺序依次展示；

其次，通过卡片或电子问卷的形式，分析人们在每个价格点的购买意向；

最后，做数据统计，进而为产品设定一个更合理的价格。

这样按照流程定价可以很好地降低出错率。

4.1.4　制作与开发知识产品

在知识经济时代，除了实体产品以外，知识产品也非常重要。如果你有一个不错的知识产品，那就可以更好地优化自己的个人品牌。随着知识产品的价值不断提升，我们可以使用流程化步骤制作知识产品，具体如图 4-4 所示。

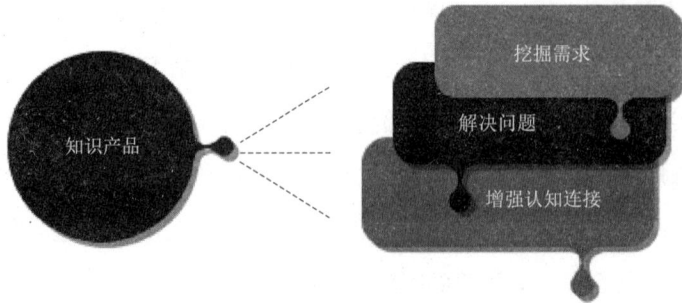

图 4-4　知识产品流程图

首先,挖掘需求

身处信息爆炸时代,面对着指数级增长的信息,每个人都渴望自己有独特的价值,避免被瞬息万变的世界淘汰。知识产品的制作其实就是为人们精准定位关键信息,制定解决需求的快速途径,让人们对知识的焦虑感得到缓解。

在挖掘需求方面,我们应该掌握需求挖掘框架,列出与需求相关的场景、动机、痛点、感触点和晒点,让人们了解拥有知识产品的好处和没有它可能遇到的问题。与此同时,我们要了解用户心理,分析用户对知识产品的看法和期待,见表 4-1。

表 4-1　用户需求挖掘框架

需求分析	场景	动机	痛点	感触点	晒点
用户心理	当在某时某地 When	我很想要去 I want to	这样我就能 So I can	让我觉得 Making me feel	其他人会认为我 Others see I'm
分析点	用户需求的 场景是什么	用户在场景下 想要做什么	为何想做这件事 期待什么结果	做完这件事的情 绪状态如何	对于这件事,其他 人如何看待
需求描述	—	—	—	—	—

例如，你想要制作关于缓解不良体态的知识产品，首先需要列出体态优美的益处，再列出不良体态的坏处，抽取最让人们困扰的部分，围绕这些核心点进行知识产品的开发。这样开发出来的知识产品往往更符合需求，更受用户欢迎。

其次，解决问题

人们购买知识产品通常是因为遇到了相关困扰，渴望这些困扰得到解决。根据核心点初步设计好知识产品后，我们就可以将它用于解决问题，发现产品的局限性，并根据实际情况进行调整，继续完善，增强普适性。同时，我们还要列出每个步骤的要点，把要点进行拆分，将所有步骤细化，更清楚地告诉人们如何解决问题。

想知道一个知识产品是否有价值，最直观的判断方式就是分析其是否有效。如果在使用知识产品后，人们的困扰可以得到解决，那就说明这是一款有价值的产品。

最后，增强认知连接

知识产品发展至今，已经衍生出书籍、网课、社群、线下课等多种方式，但实际上，现在仍然会出现无法从简介中理解内容的情况。如果在设计知识产品的过程中，没有考虑人们的认知连接问题，就会导致只有知识产品的直接用户可以理解其内容，使该产品只能被动地接受事实用户。因此，为了增强自身的竞争优势，我们应该在知识产品的简介、名称、宣传语等部分多下功夫，实现其与更多用户之间的紧密连接。

知识产品在不断变化，所涉及的知识领域逐步覆盖人们的工作与生活，产品与用户之间的连接越来越紧密。此时如果你想做出一个好的知识产品，那么不仅要挖掘人们的需求，还要真正解决这个需求，最终依托专业技能将知识产品打造出来，从而增强竞争优势。

4.2 发表专业文章，巩固地位

现在很多人只注重在社交媒体上付费打广告，或者推出各种营销策略。但实际上，发表专业文章也可以推广和宣传自己，对于想打造个人品牌的人来说，发表专业文章有很多好处，如，可以提升写作能力、厘清品牌思路、增强自信、积累社交资源和扩展业务等。未来充满着不确定性，我们可以通过专业文章维系自己和他人之间的关系。

4.2.1 定位细分，注重专业性

一般来说，能够充分体现专业性的文章都比较受欢迎，我们要想通过优质内容输出打造个人品牌，那就要不断学习专业知识，以保证自身的专业性。当一个人具备了专业性，其输出的内容就会带有一定的个人特色，发表的观点也可以标新立异。

在当下这个追求差异的时代，别具一格、推陈出新的内容会给人们留下更深刻的印象，而这也将推动个人品牌的打造。例如，奇虎360公司董事长周鸿祎就是以专业性内容输出打造个人品牌的成功案例。他不止一次地表示过自己好战、善战的个性，而隐藏在其个性背后的底气则是完善的专业储备、良好的信誉和强大的影响力。

借着大会、访谈、节目等形式，周鸿祎不断输出专业性的内容，这些内容在润物无声般的传播中占领了越来越多的心智。他作为互联网领域和

商业领域的专业人士，致力于通过高质量的内容输出加强个人品牌的传播。

那么，周鸿祎究竟是如何保证内容质量的呢？

首先，周鸿祎在产品方面具有极强的专业性。一方面表现在他对公司的产品了解得十分透彻，例如，在访谈或会议中，他能够向人们表明产品的优势、目标受众以及能够解决哪些需求；另一方面，他对竞品也十分了解，能够通过自己公司产品与竞品对比的方式向人们讲述自己公司产品的与众不同之处。

其次，周鸿祎积累了丰富的实践经验，这为他输出高质量的内容提供了有力支持。在创办奇虎 360 之前，他曾经先后就职于方正与雅虎中国。而且，在奇虎 360 创办至今十多年的时间里，他也积累了丰富的创业知识与专业知识。实践出真知，他对自身实践经验的分享也保证了内容的高质量，使内容被越来越多人喜欢和认可。

在输出内容的过程中，专业性是保证内容质量的必要条件。因此，对于想要打造个人品牌的人而言，夯实自己的专业知识是非常有必要的。当人们知道你是相关领域的专家后，自然而然就会在心里对你产生出一种信任感，而这种信任感也会延伸到公司和产品上。

4.2.2　持续有效输出，积累品牌

持续输出优质文章对于很多人来说不是一件简单的事，原因主要体现在以下三个方面：首先，专业储备枯竭；其次，没有灵感；最后，专业知识缺乏系统性。这些导致持续输出优质文章出现困难。

那么，要想避免上述现象的出现，我们应该采取什么样的策略？最有效

的方法就是建立一个素材库。素材库对高质量内容的持续输出有很大作用，主要包括以下两点：

1. 拥有海量主题

我们需要为素材库搜集海量的主题，以保证自己持续的专业输出。在搜集主题方面，首先需要关注新闻，紧跟行业动态，了解行业发展现状及未来发展趋势，搜集有关行业预测的主题。其次，需要随时记录自己的想法，为自己之后的内容输出积累素材。最后，需要了解同行的动向，分析同行的观点并明确自己的观点。此外，根据同行的输出内容，我们还可以衍生出自己内容的主题。

2. 保证持续输出

对于缺乏素材的人而言，建立素材库可以实现持续的内容输出。只要有了素材库，无论是写文章、做访谈还是开讲座，几乎不会出现缺乏素材的情况。当一个人建立了素材库以后，他就已经占据了有利地位，打造个人品牌的成功率也会更高。

好的内容是累积起来的，时间是衡量内容的一把重要标尺，内容的持久性输出是十分重要的。李开复的个人品牌就是通过长时间的内容输出所累积起来的，他曾经出版了《做最好的自己》《一网情深与学生的网上对话》等四本图书，发布了超过一万条的微博，在大学开展了近千场讲座。李开复持续的专业内容输出逐渐巩固了他的个人品牌。

专业性成就高质量内容。我们应该有与个人品牌同步的专业性，然后通过内容输出展现自己的实力，同时还要保证内容输出的持续性，这样才有利于个人品牌的建立和传播。

4.2.3　学会借力，用好强背书策略

我们在输出内容时，借助名人的影响力是一个不可忽视的重点。这种做法最大的好处是实现强背书。例如，徐小平在很多访谈中，经常会提到他投资的一些项目，为项目做宣传，这就是非常典型的强背书策略。

此外，徐小平曾经也极力称赞李恒（小恒水饺创始人）的创业精神，并将其标榜为创业榜样，于是网上就出现了很多以"徐小平""小恒水饺"为关键词的相关文章，进一步提升了李恒的个人形象。强背书策略是找一个高级别、重量级的人来纲举目张，进一步拉动自己的势能。那么，我们如何才能让这个高级别、重量级的人为自己背书呢？

分享一个小案例，某企业家与刘德华合作创办了一家公司，他在传播个人品牌的时候就把刘德华的资源拿来背书。或者假设某个企业家是一个服装品牌的创始人，那他就可以找一个在服装行业特别有影响力的人，写一篇与此人相关的文章，然后把自己的品牌嵌入内容里面，可以取得非常不错的效果。但这些背书的前提一定是实事求是，不能虚假宣传。

目前，强背书策略备受青睐。为什么很多人喜欢关联成功人士？最主要的原因就是他们可以从中获得超大流量。当这些流量进入以后，他们便可以得到快速成长，实现持续进步。

我们要想获得更多的流量，也可以请业界专家为自己背书，然后将业界专家对自己的评价、支持等撰写成文章，通过各种媒体进行宣传，扩大个人品牌的影响力。

同时，我们还可以以业界专家为中心发布文章，如"在我创业路上，某人对我的影响""我从某人身上学到了什么"等，借人们对业界专家的关注为自己吸引更多的流量。

4.3　公开演讲，塑造鲜活的形象

　　某知名企业家曾经说过，"如果一个人从来不做公开演讲，也可以让自己的企业发展得很好，那么这个人真的非常令人佩服。"这句话不是戏谑，而是在陈述一个事实——公开演讲十分重要。年度计划会、季度总结会、年终总结会、行业峰会、同行聚会等都是需要进行公开演讲的场合。如何能把公开演讲做好、做细，是我们需要面对和思考的问题。

4.3.1　努力做演讲高手

　　要想加快打造个人品牌的速度，演讲是一个不可忽视的途径。要想做好演讲这件事，除了练习以外，掌握一些技巧也非常关键。

1. 做好演讲的三个方面

我们可以从事件、号召、理由三方面出发做好演讲。

（1）事件。事件指的是以语言的方式对自身经历进行讲述，其中最关键的就是选择与演讲主题相契合的自身经历。否则，即使讲解的内容再精彩也无法在听众心里留下深刻印象。

（2）号召。号召的内涵是展示一个明确且具体的做法，即这件事情应该怎么做。在进行号召时，我们不能一直只喊口号，还要讲出解决问题的具体方法。

　　例如，在某次公开演讲中，联想创始人柳传志说道："要诚信经商、遵纪守法,特别是要善待员工。湿润社会空气是我们企业家义不容辞的责任,不然社会空气过于干燥,出点事就冒火星,这不是企业家和百姓愿意看到的。企业家也有责任,不要炫富,不要做特别让人不齿的事情,应该特别自律。”这就是有实际意义的号召。

(3)理由。要想让听众认可演讲者,就要给出非常充分的理由。对于听众来说,理由要有吸引力,也要有说服力。

2. 演讲技巧

除了掌握以上要点以外,我们还需要学会以下三项演讲技巧,如图 4-5 所示。

图 4-5　演讲技巧

(1)用真诚俘获听众。在做演讲的时候,我们要想让听众信服,就应该将自己的真挚感情和人格魅力表现出来。正如古罗马时期著名教育家昆体良所言,“演讲者是一个精于讲话的好人”,这句话中的“好”指的就是真诚和性格。

(2)让听众产生共鸣。要想让听众产生共鸣,一个比较好的方法就是激发听众的同理心,牢牢地抓住他们的注意力,这时我们需要借助同理心地图,如图 4-6 所示。

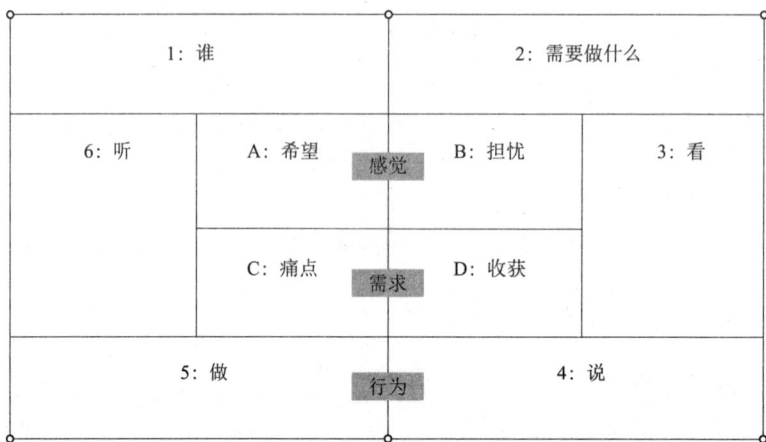

图 4-6 同理心地图

根据同理心地图，我们首先要知道自己面对的听众是谁；其次要分析自己需要做什么，或者听众需要我们做什么；再次观察听众的状态，据此判断自己要说些什么；接下来就可以做一些辅助性动作，活跃现场的气氛；最后可以用一部分时间倾听观众的心声。这样可以一步步引导听众，直到把他们引入我们的世界里。

（3）以热情感染听众。我们在陈述事实或者表达观点的时候，用充满热情和感染力的语言会更容易取得良好效果，有利于消除听众的否定想法。如果你希望通过演讲说服听众，那就让自己充满热情，这样才更有机会感染听众。另外，眼神也要充满热情和感染力，否则很难与听众产生心灵上的交流和沟通，也就难以形成足够强大的说服力。

总之，在演讲过程中要牢记上述要点和技巧，多练习、多实践，积累更多经验。

4.3.2　成为一个有故事的人

个人品牌的传播需要一个打动人心的故事，如果你能在演讲中将自己的故事讲给听众，那就可以极大地提升演讲效果。你可以建立一个故事画板，根据这个故事画板上的内容讲述，让观众产生共鸣，从而对你有更深层次的了解，推动个人品牌的传播，如图 4-7 所示。

在应用故事画板方面，罗永浩做得很不错。此前，他通过《一个理想主义者的创业故事》的演讲讲述了自己的故事，将自己的创业经历表达得淋漓尽致，引发了很多人的共鸣。

罗永浩是如何通过故事画板讲故事的？又是如何以故事打动人心的？

叙事象限　　　　　　　　　　　　　　　　　　　　　　　　时间轴 →

版块	阶段	节点路径					
故事行为	第一视角						
	第二视角						
	第三视角						
细节拆分	L1						
	L2						
	L3						
感触	内在思考						
痛点	内在需求						
机会	解决方案						
情绪	感触						

图 4-7　故事画板

1. 用第一视角讲自己的故事

用第一视角讲故事可以更好地引起听众的注意。对于怀揣创业梦想的普通人来说，罗永浩从自己的亲身经历入手讲故事，愿意把不高的奋斗起点展示在大众面前，显得很有魄力，也很有吸引力。这样的故事能够为听众创造一个想象的空间：罗永浩本人是如何创业的？他既然可以创业，如果"我"继续努力是不是也可以像他一样创业？

2. 普通的细节中又透露着不平凡

很多人都在理想和现实的矛盾中挣扎，他们总是会想，我要不要辞职去创业呢？我真的可以创业成功吗？这种理想和现实的矛盾是罗永浩和听众都曾经历过的，很容易引起听众的共鸣。在罗永浩的故事中，其创业经历可以拆分为以下几个细节：

（1）少年时代桀骜不驯，"不走寻常路"；

（2）青年时代潦倒叛逆，与社会格格不入；

（3）经过深思熟虑，决定改变自己，开始学习英语；

（4）积累了足够的经验后，离开新东方，向着更加远大的目标前进；

（5）走上充满坎坷的创业之路；

（6）克服困难，取得了比较不错的成绩，产品被越来越多的人接受。

在罗永浩的创业经历中，普通与不平凡是兼备的。正因为这样，他的创业经历才有讲的价值。罗永浩讲述的经历既充满坎坷，又充满希望，能够引起听众的感触，促使听众进行思考，让听众从故事中找到解决问题的方案。同时，他也讲述了自己青少年时期的叛逆，创业时的迷茫，这些都能刺激听众的情绪变化，加深听众对他的印象。

在借故事传播自己和个人品牌时，励志的创业故事是很好的题材。如今越来越多人愿意在演讲中分享自己的创业故事，这不仅可以加深目标人群对自身的了解，拉近两者之间的距离，还有利于塑造平易近人、敢于吃苦的形象，使个人品牌得到进一步优化。

4.3.3　你的每一次演讲，都是个人品牌的路演

你的每一次演讲，都是个人品牌的路演，非常有利于个人品牌权威度的提升。这其中做得最好的当属苹果公司的乔布斯，他利用他传奇的人生经历和事业上的成就，建立了家喻户晓的个人品牌，无疑是个人品牌的巅峰代表。

乔布斯的挑剔和苛求曾经让他的合作伙伴厌烦，而现在已经证明，他对美学的执着，对信念的坚守都成就了他的个人品牌。也正是这种强烈的个人色彩，赋予了苹果公司独特的灵魂与气质。乔布斯的魅力在于他用卓越的口才，为大众呈现了一个与众不同、个性鲜明的形象以及创新企业家的精神，并成功地用它们将苹果手机的用户凝聚起来。

苹果公司的首席执行官蒂姆·库克站在乔布斯曾经的演讲台上评价乔布斯："他惊人而伟大的天赋，以及对人类价值独特的欣赏与发掘，不只是一件产品，而是成就了苹果公司本身。"那么，乔布斯是如何通过演讲成就个人品牌，并让每个人都感受到价值的呢？

这其中的关键就在于极具吸引力的幻灯片、情感共鸣和完美准备。

1. 极具吸引力的幻灯片

权威的演讲并不能只依靠 PPT 和一些生硬的理论，相反要生动地讲述自己对于行业的见解。曾经有人表示："演讲台上的乔布斯简直是一个大师

级的讲述者，在他身上完全看不到生硬地照搬 PPT 的影子。他才是全场的明星，而不是幻灯片。"

尽管幻灯片对演讲者很重要，但它绝不是提词器。我们应该像乔布斯一样，让幻灯片仅发挥提示演讲进度和启发灵感的作用。另外，演讲的信息点应该少而精炼，不能像说明书一样，把那些繁杂的数据或图表都展示出来，因为观众根本记不住这些。

2. 情感共鸣

情感互动可以帮助演讲者将演讲信息更好地传播出去，因此，我们最好保证自己演讲的每一个要点都能引起观众的共鸣，而非是单方面灌输某种价值观。用简单的语言就能传达出深刻的见解，比侃侃而谈要显得更专业且权威。

例如，乔布斯重新回到苹果公司时，曾经真诚地向所有人表示感谢。他说："能够再次回到苹果公司对于我来说是件幸事，我将热爱在此的每一天。和才华横溢的团队一起工作，能够与你们一同拿出很棒的产品来，这实在是太棒了，我真心感谢你们每一个人。"这句话不但表达了他对苹果公司的热爱，其中还隐含着对苹果公司发展的欣慰。这个演讲深深地打动了公司的员工。

3. 完美的准备

一场完美的演讲，最重要的不是传达的内容，而是传达的方式。《成为乔布斯》作者之一的布兰特·施兰德表示："我曾到场观察过乔布斯的排练，他来来回回踱步于不同的舞台之间，仔细考量灯光及现场色彩的影响，观察幻灯片放映的效果，以方便下一次调整。"

乔布斯在演讲过程中认真、专注，同时又十分放松，能够让听众自然地相信他所说的话。这是乔布斯的个人魅力所在。

4.4　开设课程，将知识商业转化

影响力强的人通常会有一大批追随者，这些追随者愿意从影响力强的人那里学习一些什么。因此，开设课程已经逐渐成为盈利方式之一。如果你是某个领域的专家，可以输出有价值的内容，同时大众也有这方面的需求，那就可以开设课程，将自己的知识商业转化。

4.4.1　输出优质内容，快速解决客户问题

很多 PPT 爱好者都认识一个名人——秋叶，他是秋叶商学院创始人，也是秋叶 PPT 系列"网课＋图书＋训练营"课程创始人。他通过讲课程的方式提升自身曝光度、打造个人品牌。他凭借秋叶 PPT 课程收获了大量粉丝，这个课程涉及 PPT、Excel、Word 等多个方面，内容简洁、精炼，以讲授使用方法和技巧为主。

起初秋叶 PPT 课程的主讲老师是秋叶，然后方骥和顾建相继加入，之后，秋叶 PPT 又吸收了其他一些优秀的讲师，扩大了师资队伍。新老师的加入扩充了秋叶 PPT 的知识宽度和广度，也更好地宣传了秋叶的个人品牌，提高了其在行业内的声量。

对于大众来说也是如此，你要想通过课程宣传自己，就要向学员提供有效的方法，学员通过课程获得了实用的知识，才能对你产生信任。这就要求你必须认真设计课程内容，确保课程内容有价值，能够切实解决学员遇到的种种问题。

当然，开设课程并非一件简单的事。要想确保学员能从课程中学到知

识，就需要为课程培训设计一个完整的体系，包括学习教材、同伴环境、老师讲解、答疑解惑、随堂作业、课程实践、考试考核等多个环节。

尤其是考试考核的问题，一定不可以忽视。如果你不能对学员的学习成果进行考试考核，那就无法了解学员的具体学习情况，也就无法对学员进行有针对性的指导。同时，缺乏有效的评估结果，学员也无法对自己的学习程度进行准确的判断。

总之，要讲授有价值的内容，同时需要为课程设计一个完善的体系，以便更好地为学员提供帮助，提高课程的效果。

4.4.2 建立知识体系，主推亮点内容

知识体系是打造个人品牌的核心。建立知识体系虽然听起来很复杂，但如果你掌握了基础流程，那就会发现其实并不是那么困难。我们通常可以从以下几个步骤入手，建立自己的知识体系，将亮点内容宣传出去，如图 4-8 所示。

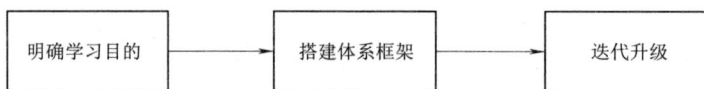

```
┌──────────┐      ┌──────────┐      ┌──────────┐
│ 明确学习目的 │ ───> │ 搭建体系框架 │ ───> │  迭代升级  │
└──────────┘      └──────────┘      └──────────┘
```

图 4-8 知识体系建立流程

1. 明确学习目的

首先，你需要明确自己能输出的内容，在这个大框架下持续思考。例如，这个知识体系可以用于解决什么问题，有多少潜在群体，他们是否还有其他需求等问题。给自己明确一个方向，使自己能充分集中精力，更好地筛选信息。同样，在开授课程时，如果你可以事先提到学员遇到的问题，会加

强学员对你的信任感，也会使学员对你讲述的内容产生期待。

2. 搭建体系框架

这一步需要将全部信息进行梳理和整合，将已知的信息进行提炼和复盘，建立知识框架；再通过网络搜索，请教有经验的同行或专家，或者阅读该领域内的经典书籍等方式对框架进行补充；最后将信息分类整理，找出它们之间隐含的逻辑，建立知识体系。

3. 迭代升级

初步搭建好知识框架后，可以将它应用于解决实际问题，这样能发现框架本身的局限性，同时还可以根据实际情况对知识框架进行创新。在创新知识框架时，可以借助创新 U 型曲线（也叫微笑创新曲线）以用户视角考虑问题，通过头脑风暴将应用过程中遇到的问题进行汇总，对一些重要的基本需求进行升级，不断完善具体细节，将知识框架优化为一个完整、可视化、体验好的知识体系，如图 4-9 所示。

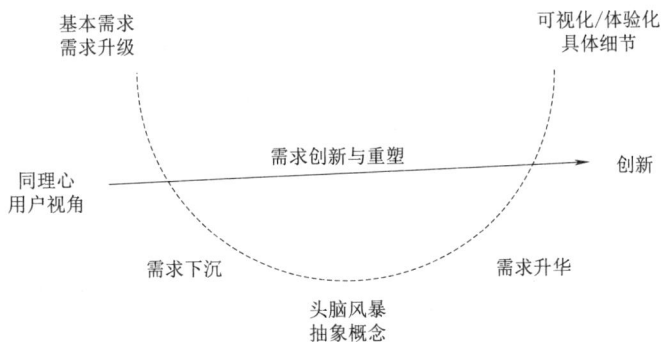

图 4-9 创新 U 型曲线

在创新 U 型曲线的指导下，我们能知道哪些点可以优化，哪些点可以删除，需求是否发生变化，关键步骤是否缺失，与其他知识体系是否可以整合，是否存在不适用场景，使用过程中有哪些注意事项，体验是否可以进一步优化等问题。

在拥有完整的知识体系后，我们就可以清楚地知道它可以用于解决哪些问题，进而有利于后期课程和训练营的开设。你可以将拥有该知识体系的好处和它能解决的问题一一列出，根据最核心的部分进行课程开发。

知识体系的构建是一个需要不断升级与完善的过程，我们应该随着新内容、新风向不断对其进行调整。尤其是常用的与营销、品牌建设等相关的知识体系，更需要根据当下的市场环境不断完善，这样才可以让该知识体系更符合时代的发展，满足更多人的需求。

4.4.3　融入画面感与情感，增强信任

画面感与情感也是讲好课程的重要因素。画面感指的是借助语言在听众的大脑中形成与实际画面相似甚至一样的效果。在讲课过程中，如果能有一个具备画面感的故事，就会给听众留下更深刻的印象，也能产生更强大的说服力。

营造画面感的方法主要有两个：一个是语言法，一个是数字法。在使用语言法的时候，我们要选择之前没有人用过或者很少有人用过的，但又十分贴切的词语，这样会让听众有一种新鲜感，从而带来十分生动的画面感。而那些比较常用的词语，虽然表现效果不错，但并没有新鲜感，也就很难对听众造成冲击。

与语言法相比，数字法并不常用，但其产生的效果却很好。而且在使用上，数字法也比较简单，只需把抽象的数字转换为具象的、可感知的画面即

可。例如，你在描述产品的销售情况时可以说"我们在 3 年内售出了 180 亿个咖啡滤包。180 亿个咖啡滤包有多少？能够塞满××市的所有街道，堆到 10 米高。"

如果你只描述了 180 亿个咖啡滤包这一抽象的数量，很难让听众对这个数字产生更深的印象，而"塞满××市的所有街道，堆到 10 米高"这种具象化的描述就能营造出画面感，让听众感知到产品销售的巨大体量。

讲课又为什么要体现情感呢？因为在语言出现之前，人类就已经开始用动作、表情来传达彼此之间的情感，情感是根植在基因里的，是人类生活中不可缺少的一部分。人们更容易迅速接收、处理、响应包含在情感当中的信息。

基于此种情况，你想更好地让听众理解课程的内容，传递更多信息，那就需要在故事中加入情感，充分唤起听众的共鸣和认同。具体应该如何操作呢？可以从以下两个方面着手。

第一，适当触发恐惧

对于美好的事物，人们都是既非常向往，又害怕失去的。一旦想到有可能失去，就会感到莫名的恐惧。因此，在一个希望用情感打动听众的课程中，应该有鲜明的对比，即美好事物失去的恐惧和留住美好事物的幸福对比。这样的对比可以在很大程度上触发听众对失去美好事物的恐惧，从而充分激发他们的情感。

第二，讲述自己的经历

通常来说，相同或者相似的经历总是能引起共鸣。如果你可以在讲课过程中加入自己的经历，并让听众产生同理心，那就能打造出一节比较出色的课程。需要注意的是，情感体现除了要把握上述要点以外，还要把握好分寸。

与过分热情的表达相比，没有感情的平铺直叙也许更有吸引力。另外，拥有一个适合自己的讲课风格也非常重要，这不是一朝一夕就可以实现的，需要不断摸索和磨炼。这就要求我们在空闲时间可以多讲课，多与听众互动、交流。

4.5　直播互动，个人品牌年轻化

现在直播已经成为一个全新的传播渠道，正在让商业渠道变得更宽、更广。在这样的趋势下，董明珠、雷军等企业家也纷纷入局，拥抱变化，希望赶上这一波直播红利。未来，体验经济将不断发展，越来越多人开始直播。为了取得更好的直播效果，我们应该掌握一些直播技巧，多输出与产品相关的专业知识，让人们更深刻地认识品牌。

4.5.1　比直播带货更重要的是直播推广品牌

在直播带货的舞台上，不止有素人和明星，还出现了越来越多知名企业家的身影。例如，红蜻蜓董事长钱金波、"鞋业大王"奥康国际董事长王振滔、复星国际董事长郭广昌等都在尝试直播推广，他们用自己的行业影响力为自家产品做推销，大大提高了产品的销量。

同时，直播不仅有利于产品销售，更有利于个人品牌和公司品牌的宣传。例如，小米公司在营销方面一直屡出奇招，当初为了推广小米MAX，作为公众人物的 CEO 雷军开启了直播，吸引了数千万网友前去"围观"。

雷军在直播中不仅向人们展示了小米 MAX 的功能与性能优势，还讲解了许多关于微基站的知识，获得了不少关注。雷军对直播这样的推广模式表示了肯定，认为直播能够改变信息的交互模式，为人们带去更好、更极致的购物体验。

在雷军直播推广后，小米 MAX 的销量有了惊人的增长，实现了销售额的突破。其实小米 MAX 除了手机屏幕变大外，在技术上并无太多革新，没有太多性能亮点。但由于雷军是众多网友熟知的"网络红人"，具有很强的影响力和号召力，所以能引导更多人购买产品，推动小米 MAX 销量的增长。

在通过直播推广小米 MAX 大获成功之后，雷军又借助直播推广小米公司的新产品小米 CC9。小米 CC9 主打美图功能，旨在开辟女性市场，在直播推荐下，小米 CC9 刚刚上架，1 000 台手机就销售一空。

小米 MAX 和小米 CC9 的直播推广都获得了巨大的成功，直播带来的巨大流量能够为产品推广带来惊人的收益。雷军就恰逢其时地把握住了这一时机，提升了小米手机的销量。

4.5.2　直播带货有哪些好处

当前，直播成为新时代的流量风口，也是宣传个人品牌的新途径。我们需要抓住这一机遇，积极开启直播，以宣传个人品牌，收获更多粉丝。2020年 6 月 18 日当天，京东展示了"618"数据大屏，从 2020 年 6 月 1 日 0 点到 6 月 18 日 9 点 47 分，累计下单额达到 2 284.88 亿元，打破了 2019 年"618"大促 18 天 2 015 亿元的纪录。

京东可以取得如此亮眼的成绩，背后离不开直播的助力。在此次活动的直播方面,京东推出"草莓音乐节""总裁价到"等直播活动,在"618"期间,有数百个明星通过京东直播与粉丝进行互动,为粉丝进行好物推荐并发放各种福利。

而京东重磅推出的"总裁价到"活动,邀请了500余名各公司的高层人员,华为、海尔等总裁纷纷加入"高管直播秀"。在这些人的直播间里,他们纷纷化身主播,积极宣传公司的产品。而本次直播活动吸引了大量网友的关注,除了产品销量增长之外,各公司的高层人员也收获了不少粉丝,极大地宣传了其个人品牌。

上述案例表明了直播推广的巨大优势。其实公司的创始人可以成为最佳的主播。

首先,创始人往往是公司的首席产品官,其对本公司的产品有深刻地了解,能够在直播中详细阐述产品的优势,吸引人们购买产品。同时,相比其他主播来说,创始人亲自直播会更有说服力,能够增加人们对产品的信任,有利于产品销售。

其次,创始人在建立个人品牌的过程中收获了大量粉丝,如果开启直播,那就会吸引这些粉丝前来观看,在优质产品和创始人个人魅力的影响下,粉丝往往会积极下单,这也能够实现粉丝的大量转化,有利于产品销量的提升。

综上所述,直播带货不仅能促进产品销售,还能实现粉丝转化和个人品牌的传播。

4.5.3　3秒留人的直播互动技巧

直播的感染力与直播的互动性密切相关。主播可以与观看直播的人进行实时交流,这能够大大地提高直播的感染力。在直播过程中,我们可以通过以下三个技巧加强互动：

第一，提出开放式问题引导观众互动。我们可以向观众提出一些开放式的问题，给观众自由发挥的空间，以此引导观众进行互动。例如，你可以向观众询问"怎么做""为什么"等一系列问题，让观众积极地给予反馈，使直播间的气氛变得更加活跃。

第二，在直播中开展各种互动活动，例如，开展产品互动问答抽取免单机会的活动。

第三，在直播的最后阶段设置互动解答环节，回答人们提出的问题。在最后的环节中，我们可以集中回答观众对产品、优惠活动提出的问题，为其答疑解惑。同时，我们也可以询问观众对直播的建议和意见，了解观众的需求，从而更好地改进直播模式。

在这种实时互动中，主播与观众可以随时沟通，观众能直观、生动地感受到主播的语言、动作、情绪等，也能直观地感受到直播间的火热氛围。因此，如果你想打造和宣传个人品牌，那么抓住直播红利，让自己变身为合格的主播。

第 5 章

组建团队：个人品牌不是一个人的品牌

众所周知，一根筷子可以很容易地被折断，而一旦把更多筷子放在一起，想要将其折断则是一件困难的事。打造个人品牌也是如此，团队的力量要远远大于一个人的力量。所以，我们应该组建团队，集合大家的力量共同打造属于自己的个人品牌。

5.1　团队构成

　　我国的文字博大精深，"团队"是指有"口""才""耳"的一群"人"构成的组织。当然，这是从文字角度解释团队。而从实际操作角度来看，一个打造个人品牌的团队应该由内容端、产品端、运营端构成，大家彼此协作，共同维护品牌的正常运营。

5.1.1　内容端：做好内容宣传

　　文化与思想的输出是打造个人品牌形象的主要手段。分享自己对人生与各事物的心得体会，在各种平台上发表自己的见解，建立有特色的个人形象，是个人品牌内容包装的主要任务。在输出过程中，这项工作要由专业的内容端来严格把控。

　　在这个产能相对剩的时代，社会中所缺少的是有趣、有温度的人。一个有吸引力的个人品牌往往是经过长时间的积累和打磨的。我们也需要在输出优质内容的同时，不断输出自己独特而正确的思想，以吸引那些认可个人品牌价值观的人。

　　团队在设计内容时，不妨从行业角度入手，发布一些带有预测性质的信息。例如，李彦宏的团队就以"5 年后无人驾驶技术将进入规模化商用阶段""20 年后手机会消失"等为主题发布内容，对他的观点和思想进行宣传，从而提升百度的曝光度，如图 5-1 和图 5-2 所示。

百度李彦宏:自动驾驶5年后将全面商用

2020年9月15日 刚刚钛媒体9月15日消息,百度李彦宏在"万物智能—百度世界2020"央视直播上预测自动驾驶5年后全面商用,拥堵大大缓解、不再需要限购限行。 他预测,未来5年内,中...

🟦 钛媒体APP　◎ 百度快照

李彦宏 5年后的最新相关信息

　百度CEO李彦宏:限购、限行5-10年内取消　搜狐　　　　　　　　　　　5天前
　百度CEO董事长兼李彦宏认为限购、限行将在未来5-10年取消,届时道路拥堵将不复存在。 近日,百度CEO李彦宏再次谈到了当下各国城市面临的道路拥堵问题,他表示,一个智能...
　李彦宏谈智能交通:5年内一线城市不需再"限行"　腾讯　　　　　　　　　12月3日
　百度李彦宏《智能交通》今日发行,5年内一线城市...　ZAKER　　　　　　12月2日
　李彦宏新书《智能交通》今日发行:5年内一线城市...　ZAKER　　　　　　12月2日

百度李彦宏:5年后无人驾驶技术将进入规模化商用阶段

2020年9月15日 雷帝网 乐天 9月15日报道百度创始人、董事长兼CEO李彦宏今日表示,在长沙、沧州、重庆,北京亦庄、顺义可以通过百度App或者百度地图打到无人车。目前大概已经有10万人尝试过无人车,相...

🟦 雷递　◎ 百度快照

图 5-1　李彦宏对无人驾驶技术的预测

手机将要淘汰,2019年李彦宏预言:或许20年后"它"将代替手...

2019年2月23日 现在手机已经可以说是万物互联了,手机将要淘汰,2019年李彦宏预言:或许20年后"它"将代替手机?已经把我们的家具设备通过网络进行连接互动,就在这种情况之下,手机为什么会在未来消失...

🟦 时代俱科技　◎ 百度快照

20年后世界会发展成什么样?李彦宏:手机或华丽"退场"!

2019年1月7日 20年后世界会发展成什么样?李彦宏:手机或华丽"退场"! 在高科技发展的今天,手机变成了我们生活中不能或缺的东西,渗透到生活的方方面面,时时刻刻彰显着它独特的魅力。手机可以算是21...

🟦 丫丫俱科技　◎ 百度快照

其他人还在搜

李彦宏未来十年　　2020年1月20李彦宏视频　　1999年李彦宏　　2000年李彦宏
李彦宏的感想　　李彦宏2020　　李彦宏未来20年　　李彦宏为什么能创业成功

20年后世界会变成什么样?李彦宏:大家可能不再需要手机了　...

2019年1月2日 对话中李彦宏提到,2019年是人工智能全面进入家庭的一年,它也会帮助更多人提升工作效率。在未来20年,人们很可能对手机的依赖程度越来越低。下面带来完整版对话:...

搜狐网　◎ 百度快照

图 5-2　李彦宏对未来手机的预测

那么，我们为什么要对未来的状况进行预测呢？其实非常简单，就是要实现引领发展的效果。阅读这些内容的人也许根本不知道以后整个行业会不会是如此，但发布内容的人此时此刻达到了对行业前景产生引领效果的目标。

实际上，现在包括李彦宏在内的很多知名企业家都在做这样的预判，你也可以与这些企业家做同样的事。总而言之，只要我们有实际的内容输出，选好精准且具体的关键词，让人们可以通过这些关键词搜索到我们的预测，就算是获得了成功。

可以说，在占领内容版块这一方面，预测所呈现的价值输出是极其重要的，因为这将会决定你在受众群体眼中是怎样的形象。

5.1.2 产品端：坚持价值观导向

在打造个人品牌的过程中，产品端对于团队来说是至关重要的。个人品牌背后的价值包括两个方面：公司产品的价值与个人产品的价值。

公司产品的价值由该公司所生产产品的质量、功效等多方面因素决定。它会为个人品牌的信誉度打下基础，影响受众群体对该个人品牌的信任感。个人产品的价值则主要针对的是个人魅力，包括日常的分享、输出的价值观等内容。个人的学识与修养需要经过时间沉淀，因此，个人品牌的养成绝不是一朝一夕就能做好的，而是要不断积累的。

产品端主要针对的便是对公司产品价值方面的把控。如今的消费模式已经不再是单调的消费，而是信任和价值的传递。企业家对企业产品质量的精益求精，能够为其个人品牌增加信任感，从而进一步使人们大大提高其一手创办企业的印象分。

知名美妆博主张沫凡受粉丝欢迎的原因，除了她极富感染力的言语表达方式与反差力之外，主要也得益于她明确的价值观和对产品质量的严格要求。在为粉丝选择产品时，她判断产品的标准十分明确，不会轻易更改。她会根据自己使用产品的真实感受给粉丝建议，好看、好用的产品会推荐，质量不好、存在问题的产品就会直接批评。这样明确的价值观导向帮助她获得了更多人的信任，也为她成功打造个人品牌奠定了坚实的基础。

因此，产品端在打造个人品牌时，要有明确的价值观导向。企业家的价值观和企业对待产品的态度都需要十分清晰，这样才能使个人品牌做到定位准确、特色鲜明。当辛苦建立起来的形象因为某些事件损害之后，牵扯甚至毁掉的不仅是自己，还有背后的整条商业链。

5.1.3 运营端：连接更多渠道

运营端的主要任务是充分利用好各种媒介创造流量，具体可以从以下几个方面进行说明。

1. 新闻传播：提升品牌美誉度

在竞争日益激烈的市场中，利用好新闻传播可以多角度、全方位地向人们传达企业文化和品牌特色，帮助人们更深入地了解产品设计与品牌理念。除此之外，此举还能对人们的决策产生影响，促使交易的尽快达成，从而使企业在竞争中占据有利地位。

2. 百科建设：提高品牌公信力

如今百度百科对于打造个人品牌的人来说，相当于互联网上的"名片"与"简历"。它能够全面地介绍这些人的主体信息，并且会根据最新情况及时做出调整，把前沿、真实、完整的内容展现给检索者。做好百度百科建设可以给个人品牌树立强大的公信力。

3. 口碑传播：强化品牌忠诚度

口碑传播可分为传统口碑传播和网络口碑传播，其核心内容就是以具体事件"感染"目标人群。

运营端可以通过制定一系列口碑推广计划，让人们多层次地了解品牌内容，有效提高潜在群体的成交概率。此后，再进一步增强人们对品牌的信赖感，提升复购率，强化人们对品牌的忠诚度，助力企业完成流量的商业转化。

4. 社会化媒介传播：促成品牌受众多元化

社会化媒介传播主要是利用社会化网络或者其他互联网协作平台媒体进行个人品牌推广。运营端可以通过搭建视频、贴吧、论坛等社会化传播渠道，让受众变得更多样化。这样也可以让品牌更容易积累粉丝，使许多中小型团队有了自主营销的机会。

5. 新媒体传播：让品牌每一次发声都更精准

新媒体传播具有速度快、范围广、影响大等特点，被无数品牌青睐。最重要的一点是，它会根据大数据将需求与内容进行匹配。运营端可以通过整合小红书、淘宝、微博、视频网站等优质渠道，快速、精准地匹配到适合的受众，让每次发声都更具有针对性。

5.2 如何把粉丝变成团队

挖掘粉丝价值的最高境界之一是把粉丝纳入团队，使其成为团队中的一员。如果你可以做到这一点，那么不仅有利于增强粉丝黏性，促进粉丝留存，还能为自己节省一部分人力成本。具体应该如何做呢？本节就来为大家揭晓答案。

5.2.1　培养 KOL 为自己发声

我们在建设团队时，非常关键的一步就是挖掘 KOL。所谓 KOL，Key Opinion Leader，关键意见领袖，应用到粉丝中就是核心粉丝。从某种程度上来讲，核心粉丝的意见具有影响力和感染力，他们不仅可以引领其他粉丝，更代表了整个团队的利益诉求。毫不夸张地说，一个合格的 KOL 可以对一百个甚至是一千个、一万个普通粉丝产生影响。所以，无论你在经营何种类型的团队，都应该把挖掘并培养 KOL 当成一项重点工作，让他们充分地为你发声。

但了解 KOL 的重要性并不代表大家可以把 KOL 运营好。因为很难分析清楚哪些粉丝是 KOL。由此可见，运营 KOL 的第一步就是了解哪些人在团队里扮演着最为关键的角色，这些人是不是可以成为团队里的 KOL。

例如，如果团队里有一到两个行业专家，那就能为团队吸引来更多的行业专家，而这一到两个行业专家其实就是 KOL。但在团队刚刚起步的阶段，大部分人没有特别强大的经济实力，KOL 其实都是靠挖掘和培养的，这就需要团队领导者有一双擅长发现别人优点的眼睛。

事实上，在很多时候，有眼光更重要。那么，究竟什么样的粉丝才适合挖掘并培养成 KOL 呢？需要从以下几个指标着手：

（1）活跃度和活动参与度；

（2）活动贡献度和积极主动维护情况；

（3）转化、转发、评论情况。

也就是说，我们要选择活跃度高，积极参加活动，主动转发与评论内容的粉丝作为 KOL。因为这样的粉丝通常会被其他粉丝熟知，也会被其他粉丝信任。此外，在挖掘和培养 KOL 的过程中，我们要考虑到 KOL 的数量。

通常来说，在一个 200 人左右的团队中，应该有 5～10 名 KOL，这是一个比较合适的数量。有的人可能会认为这样数量是不够的，其实不然，如果用一定的时间和精力把这几名 KOL 培养好不仅能为团队吸引来更多的粉丝，也会在一定程度上增加团队的内容产出。

目前很多人不知道应该如何让 KOL 参与团队运营的工作，这个问题并不难解决。例如，我们可以定期或不定期地组织话题讨论，为 KOL 制定一些价值和内容输出，对 KOL 的讨论进行重点推送，对 KOL 提出的活动进行重点支持和推广，对 KOL 的需求进行重点满足等。总结起来就是，保障 KOL 的体验。

KOL 亲自参与的讨论和活动通常会变得更有吸引力，也会更有价值。所以，大家要重视 KOL 的需求，即使需要为他们提供更高层次的服务，也应尽力做到。

5.2.2　提升互动性，让粉丝变成团队

粉丝喜欢互动，更需要互动，这是他们了解一个人的重要途径。在这种情况下，社交媒体的作用就开始显现出来，无论是朋友圈里的点赞评论，微博上的分享转发，还是微信群、QQ 群里的激烈讨论，都是互动的有效形式。

在这个社交媒体崛起的时代，个人品牌的打造少不了与粉丝互动。但

是,如果互动无法形成一个关系网络,那么也无法取得很好的效果。所以,除了点赞评论、分享转发等浅层互动以外,让粉丝参与产品设计可能更为重要。

以小米手机为例,小米手机之所以会如此成功,一个重要的原因就是让粉丝参与产品设计。在这一过程中,粉丝献计献策,付出努力,当成果出来以后,他们会产生"我也参与了产品设计"的自豪感。出于自豪,粉丝会非常愿意购买产品,还会把产品推荐给自己身边的亲朋好友。

随着消费观念的升级以及消费多元化的发展,粉丝的角色已经发生了明显的变化,正逐渐成为产品设计者,而设计师更多的是扮演协调者和配合者的角色。在这种情况下,设计师不仅可以获得粉丝的第一手资料,从更多元化的角度采集粉丝对产品的综合需求,还可以加深粉丝与产品之间的联系,使二者形成情感纽带关系,进而提升粉丝对产品的信任。

很多人为了能够深入粉丝的内心,建立信任优势,纷纷涌入微博、微信、QQ、贴吧等社交媒体中。但是,这样的互动不一定是有效的,我们还需要掌握与粉丝互动的技巧,具体包括以下两个方面:

(1)时刻关注热点话题。在与粉丝进行互动时,要时刻关注热点话题。热点话题都是稍纵即逝的,需要细致而又敏锐的观察,热点话题促进个人品牌的裂变传播。借助热点话题在社交媒体中巧妙植入与自己有关的信息,引起广大粉丝的关注和转发,有利于达到"口碑炸裂"的效果。

(2)为粉丝提供福利。为了激发粉丝的积极性和热情,在设计粉丝互动活动的同时,也要给粉丝提供一些福利。例如,某人在微博中开展了一个投票活动,虽然能够实现与粉丝互动的目的,但难以激发粉丝参与活动的积极性。而如果这个人开展微博转发抽奖等活动,在各种福利的吸引下,参与互动的粉丝会大大增多。

综上所述，在与粉丝互动的过程中，社交媒体是一个必不可少的工具。如果我们利用好这一工具，那么不仅可以挖掘并满足粉丝的核心需求，还可以优化自己的形象，使自己的个人品牌更加稳固，也可以让团队的发展速度进一步加快。

5.3　个人品牌团队管理三步法

对于企业的发展而言，团队管理是至关重要的，几乎没有企业可以不依赖团队而发展。因此，我们要修炼团队管理能力，让自己带出一个有执行力、具有拼搏精神的团队。这样的团队可以加快个人品牌建设的速度，让个人品牌得到更好、更广泛的传播。

5.3.1　挑选领导，对整体进行把握

每个团队都应该有领导，挑选领导的最好方法就是在现有成员中挖掘人才。认可团队核心价值观的积极成员是最合适的领导人选。这些人本身就是团队的成员，他们在带动其他成员积极性的基础上又能增进其他成员之间的感情。

当团队规模较小时，我们可以只任命一个领导。随着团队规模的不断扩大，当拥有几百甚至几千个成员时，我们就可以任命多个领导，让他们共同管理团队或轮流分担工作。那么，领导需要具备什么样的素质呢？

如图 5-3 所示。

图 5-3　领导需要具备的素质

（1）永不言败的毅力。一些新生团队的领导一开始就倒在了宣传的路上。新生团队的知名度低，很可能得不到人们的信任，在推广个人品牌的过程中会遇到很多困难。但即使困难重重，领导作为团队的核心人物也不能轻易放弃，而要时刻等待机遇，主动出击。因为领导是成员的风向标，只有领导积极乐观，成员才能有信心。

（2）始终如一的韧劲。即使是稳步成长的团队，领导也不能松懈下来，因为团队依然需要正确的引导和管理。管理团队是一项长期的工作，这要求领导不能是"三分钟热度"，即初始劲头十足，后劲越来越不足，最后甚至懒得管理。领导身上有一份责任，成员认可领导就是付出了一份信任。所以，千万不能选择没有责任心的人担任领导。

5.3.2　专人专事，分工明确

新成员加入团队后，如果发现团队管理一团糟，甚至不知道每项工作的负责人是谁，也不清楚自己的问题该找谁解决，那么很快就会对团队失去耐心，甚至可能马上退出。长此以往，这个团队的价值就会大打折扣，发展也会举步维艰。

相反，如果团队职责明确，秩序井然，自然就会让成员体会到团队的专业性,增加成员对团队的好感。这样也有利于保证团队活动的参与度,同时也有利于传递好口碑,促进团队的长远发展。因此,团队的部门划分和职责分配很重要。

团队一般可以分为三级,即核心团队、运营团队及管理团队。

(1)核心团队成员是团队的发起者、组织者,把握着团队的发展方向、运营模式等宏观问题。他们负责提出团队的重要决策,人数一般不多,但都是核心人员。如果是刚起步的团队,这个核心团队可能只有发起者一个人。

(2)运营团队中的人往往负责提出建议、反馈意见、辅助策划方案,并将这些工作落实到自己管理的小组。这类人是核心的活跃成员,对其他成员有很大的影响力。

(3)管理团队负责日常管理,通常要明确某个人的具体任务,并设定任务完成的时限。

成员的分工要根据他们各自的特点,但分工并非一成不变,而要根据分派的任务、团队的发展阶段和外部经济政策变化等时常进行调整。

如果是已经发展比较成熟的团队,那么每个岗位的职责、考核标准、奖罚机制和薪酬必须明确,要做到责任到人、奖惩分明。如果是处于初级阶段的团队,那么内部职位划分可以不必太详细,也可以一个人身兼数职,并招募团队积极成员作为志愿者参与团队管理。这样既能加强成员的参与感和归属感,又能完善团队的组织形式,还可以节省成本。

因此,成员之间除了要有分工以外,还要培养彼此互助成长的氛围。如果管理团队是带有自愿性质的,那么成员往往更能发挥各自的专业知识和技能特长。不同专业、不同能力的成员之间相互磨合,能够成就团队管理的特色,为团队创造进步的机会。

一个人也许走得快,但一群人会走得更远。如果你学会划分部门、建立团队，那就能使自己的团队变得与众不同并且发展得更好、更持久。

5.3.3 制定完善的奖惩制度

奖惩制度会在很大程度上影响成员的行为。例如，某个成员做得很出色，却没得到相应的回报，那他以后可能就不会再用心地为团队做事了。另外，如果某个成员做了不该做的事，却没有受到相应的处罚，那他以后可能还会继续犯错，甚至引起他人的效仿。

因此，在制定奖励制度的时候，千万不能一概而论，要保证既有大奖励，也有小奖励。如果全是大奖励，那么获得奖励的难度就会被提高，从而让奖励形同虚设；如果全是小奖励，获得奖励的难度又太低，无法起到有效的激励作用，也会提高奖励的成本。

在制定处罚制度的时候，应该循序渐进，而不能不留余地。在成员第一次犯错时，不需要给予太过严厉的惩罚，而要适当地对其进行提醒或警告；警告之后，如果该成员再犯错，那就继续加强处罚力度；而对于那些屡教不改的成员，则要严肃处理。

对于一些原则性错误，在成员刚刚进入团队时就应向其明确。例如，在团队内传播某些带有原则性错误的内容，如诈骗、传播负能量、宣传虚假信息等。这种错误一旦发现必须及时、果断地处理，否则会给成员造成很大危害，甚至会影响团队的发展。

如果团队中总出现不良信息，不仅会大大降低其他成员的体验感，甚至还会引起法律问题。所以，大家要保证团队中的所有信息都是积极的、正面的，每个成员都不能犯原则性错误或传播虚假信息，这样才能营造一个奖惩有度的团队氛围。

第 6 章

圈层推广:局部突破与全面引流

圈层是对特殊群体的概括。正如"物以类聚、人以群分",圈层就是某类具有相似经济基础、相似需求的人形成的圈子。圈层不同的人通常很难深度融合在一起。大家在打造个人品牌时,要瞄准圈层,将价值观、兴趣等一致的人聚集起来,以更开放的玩法搭建平台,让自己的个人品牌创造更大的价值,产生更丰厚的收益。

6.1 小圈层影响力就是个人品牌影响力

在未来商业中，圈层经济将占有一席之地。受众一旦成群，做任何事都会容易很多。例如，向一个人宣传产品和向一群人宣传产品，哪个取得的效果更好？答案是显而易见的。当你在某个圈层中具备强大的影响力时，你的个人品牌在一定程度上就是成功的。

6.1.1 社群经济是未来的商业趋势

随着我国经济的发展，经济类型也变得更加多样，社群经济是其中的一个代表。想打造个人品牌的人应该对这种经济类型有深刻的理解，这会为运营粉丝提供极大的便利。社群经济的主体是品牌和粉丝，这二者在情感上互相信任。

基于此，一群有着相同爱好、价值观和习惯的粉丝聚集在一起，形成了群蜂效应。他们可以互动、合作，与品牌本身产生反哺关系。这种关系往往是建立在品牌与粉丝之间的情感信任上，二者共同作用，形成自运转、自循环的经济系统。这个系统通过推出产品、输出内容、提供服务等方式将粉丝吸引过来，使品牌获得相应的盈利。

简单来说，社群经济就是品牌为粉丝创造价值，粉丝获取价值的一个过程。在这个过程中，无论是品牌还是粉丝，都可以得到各自想要的东西，结果是双赢甚至多赢的。由此来看，社群经济是十分合理且稳固的。

所以，我们要想获得长久的盈利，还是要走社群经济的道路。它不仅可以让品牌得到更多粉丝的支持和认可，还可以帮助优化个人品牌形象。重要的是，它可以为公司带来更安全、丰厚的盈利，让公司获得更稳定、长久地发展。

6.1.2　从用户品牌走向粉丝品牌

在这个粉丝即流量的时代，越来越多的人意识到粉丝的巨大价值。尤其对于想打造个人品牌的人来说，只有获得大量粉丝才会提升个人品牌的影响力。粉丝不仅是产品的忠实拥护者，还能够在个人品牌传播过程中发挥重要作用。

首先，粉丝是忠实拥护者

很多企业通过各种方式向用户宣传产品，但往往收效甚微。这时我们就需要转变思想，努力将用户培养成自己的粉丝。人们在购买产品时，往往会分析产品的价值、性价比等，但如果他们是某个人的粉丝，其消费行为就会受到这个人的影响，也会更加愿意相信这个人推荐的产品。

我们需要明确自己的理念、价值观、知识体系，并不断传播这些内容，以此沉淀流量，将用户转化为粉丝。当用户成为你的粉丝后，就会忠于你推荐的产品。因此，有粉丝支撑的个人品牌才会发展得更加长远。

我们有必要将用户转化为自己的粉丝，以提高个人品牌的曝光率和影响力，同时也可以提高个人品牌的商业转化率。

其次，粉丝行为超越消费行为

粉丝的价值是巨大的，这一点毋庸置疑。粉丝是一种情感纽带，能够为个人品牌带来更大价值。只要拥有粉丝,我们就可以实现精准营销和高效转化。以前某个人要想宣传自己,需要广告等一系列手段,而现在只需要粉丝。如果这个人有足够多的粉丝,那么其个人品牌宣传的工作都可以通过网络平台实现。

2021 年 3 月 29 日,罗永浩发布了一条直播预告,该微博当时获得了超过 2.8 万次转发和 4 000 多次点赞,如图 6-1 所示。

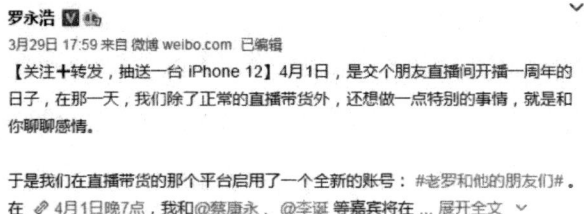

图 6-1　罗永浩微博

该微博获得如此多的转发和点赞不仅是因为转发抽奖,也体现了罗永浩在粉丝中的影响力。对于我们来说也是如此,只要拥有了粉丝,就可以引导粉丝传播个人品牌,不断提升个人品牌的影响力。

综上所述,粉丝行为的价值不仅在于消费,也在于个人品牌的传播。

6.2　个人品牌该如何站对圈层

陈欧的名句"我为自己代言",将营销带入个人品牌时代。现在,越来越多的人可以借助个人价值进行产品推广和认知建立。对于打造个人品牌，一个必不可少的关键点就是站对圈层，并筛选出真正有消费能力和消费意愿的人，将重心放在他们身上。

6.2.1　圈层共识：只吸引少数人的注意

通常只有精准定位圈层，找到真正有需求的那类人，才能让自己的个人品牌实现精准传播，避免造成"对牛弹琴"的结果。

首先，要定位目标人群。可以通过性别、年龄层次、消费水平等方面的定位明确产品的目标人群，这同样也是我们在个人品牌定位时需要瞄准的人群。

其次，要定位个人品牌营销渠道。需要明确个人品牌营销是选择线上、线下还是二者相结合的方式，线上采用什么方式，线下举办什么活动等问题。

最后，要定位营销目标。需要明确个人品牌营销通过什么样的方式，面向哪一类目标人群，在一定的时间段内要达到什么效果等问题，这样有利于我们根据目标人群合理地开展个人品牌营销活动。

精准定位圈层、明确营销渠道、定位营销目标可以使个人品牌在一定时间段内实现效益最大化。对个人品牌进行更细致定位有利于实现精准营销，使打造个人品牌更有优势，从而赢得最后的胜利。

6.2.2　大众定调：口碑风向由"我"做主

当一个人的能力、贡献等被行业认可后，其话语也会更有分量，甚至会成为市场的风向标。例如，在制造行业深耕多年的董明珠一直十分强调创新。她认为，制造业不仅要在技术上创新，也要在销售模式上创新。再如，李彦宏多年来一直将目光放在人工智能领域，致力于人工智能平台的建设和人工智能应用的普及。而他的这一选择无疑也会成为市场的风向标，引导更多企业关注人工智能领域并进行新产品的研发。

总之，如果一个人获得了行业背书，那么其在行业内的话语权会大大提升，其言行会深刻影响其他人的想法和选择。而这种影响力的扩大也意味着这个人在打造个人品牌方面已经取得了非常不错的成绩，可以引导口碑风向。

6.2.3 跨界合作：快速融入其他圈层

随着新一代核心消费圈层的发展，个人品牌营销的突破点变成基于个人品牌所产生的兴趣与情感共鸣。现在越来越多的人希望把优质内容和独特创意与个人品牌深度融合，将人们对内容和创意的情感导向个人品牌，使注意力聚焦到个人品牌上。

此外，产品消费也从功能消费转化为精神体验。不管是企业还是个人，要想打造品牌，增强自己与人们的情感联系已经是大势所趋。真正优秀的品牌是情感的载体，而跨界合作是加强品牌与人们关联的有效途径，能够衍生出无限可能。

那么，跨界合作具体应该怎么做呢？可以从以下几个方面入手：

1. 目标群体

2020年5月22日，良品铺子总裁杨银芬与演员刘敏涛实现跨界合作，共同出现在抖音直播间。在直播过程中，杨银芬区别于以往雷厉风行的形象，以"爸爸的代表"这一身份出镜，讲述了许多有趣的家庭故事。而刘敏涛则以"妈妈的代表"这一身份出镜，在介绍产品的过程中也会唱儿歌、讲小故事等。

杨银芬和刘敏涛分别作为"爸爸的代表"和"妈妈的代表"，所面向的都是"孩子的家长"这一目标群体。共同的目标群体是二者进行跨界合作的基础。因此，在进行个人品牌的跨界合作时，我们应该注意双方要有相同或相似的目标群体。

2. 渠道

在进行个人品牌的跨界合作时，选择合适的渠道也十分重要。当下直播行业火热发展，很多主播都与名人合作宣传产品。直播是个人品牌跨界合作的一个非常不错的渠道。除此之外，如果你有一定的背景和社交资源，那么也可以与相关领域的专家共同参加电视节目或出席活动，这样也能够促进个人品牌的推广，实现跨界营销。

3. 内容

输出内容的一致性也是在个人品牌跨界合作时应该注意的要点。2020年5月17日，蔚来汽车CEO李斌走进主持人汪涵的直播间，与汪涵共同推广蔚来SE6。在直播过程中，李斌与汪涵从制造汽车的初心谈到新能源汽车的优势，共同输出了高价值的内容。

个人品牌的跨界合作将衍生出无限可能，许多人在打造及宣传个人品牌时，都通过跨界合作的形式深化自己的个人品牌。现在还有一个十分常见的现象，很多想打造个人品牌的人都希望出版自己的著作，输出自己的观点和实践经验。对于这些人来说，出版著作不仅可以深化个人品牌，还可能获得越来越多人的喜爱。

例如，王健林曾出版《万达哲学》，腾讯 CEO 马化腾曾出版《互联网＋：国家战略行动路线图》，周鸿祎曾出版《周鸿祎自述：我的互联网方法论》等。出版著作能够宣传自己的思想，推广个人品牌，扩大个人品牌的影响力。

6.3 找到 1 000 个铁杆粉丝

我们在衡量一个人的物质财富时，经常会以存款和资产为标准，但金钱有贬值的可能，而社交资源则不会。随着时代发展，铁杆粉丝逐渐变成持久盈利之源。也就是说，只要你拥有铁杆粉丝，是可以依靠他们获得收益的。

6.3.1 1 000 个铁杆粉丝理论

在粉丝经济的影响下，大到公司，小到商店，无不重视粉丝的力量，而需要打造个人品牌的人更是希望自己可以受到更多粉丝的欢迎。只有获得了大量粉丝，才能不断提高个人品牌的影响力。粉丝的力量和价值不容小觑，我们要重视对粉丝的情绪引导和情绪管理，同时还要了解粉丝经济与社群经济的内涵，这样才会更有效的经营粉丝。

美国知名学者凯文·凯利曾提出"1 000 个铁杆粉丝理论"，该理论认为，任何创作者想要谋生，只需要获得 1 000 个铁杆粉丝即可。他认为铁杆粉丝指的就是愿意为创作者的作品买单的人。

另外，天猫平台官方数据显示，粉丝的平均购买力比非粉丝高出 30%左右，同时在营销活动转化率方面，粉丝大约是非粉丝的 5 倍。由此可见，粉丝的力量与价值是非常巨大的。在打造个人品牌的过程中，粉丝至关重要，其力量与价值主要体现在以下两个方面。

1. 分享转发

铁杆粉丝是坚定的追随者，会支持自己喜欢的人，同时还会分享与转发跟创作者有关的消息。所以，即使粉丝没有产生任何利益行为，其分享与转发也会为个人品牌带来更多曝光。当然，你要想激发粉丝的分享与转发，还是要在内容和自身优势上下足功夫。首先，你要输出高质量内容，讲干货；其次，你要不断提升自己的能力，用人格魅力吸引粉丝。

2. 终身留存

粉丝的力量与价值还体现在终身留存方面。在衡量粉丝的力量与价值时，我们不仅要看粉丝当下的利益行为，更要对粉丝留存时间内的分享与转发行为进行准确分析。经过一系列分析后，就会发现，粉丝的力量与价值超乎想象。

一般来说，与维护一个老粉丝相比，获得一个新粉丝的成本要更高，因此，老粉丝是不可以忽视的中流砥柱。在当下这个看重内容和服务的时代，要想维护老粉丝，高质量的内容和贴心的服务是必不可少的。

粉丝的力量与价值已经不言而喻，在这种情况下，作为"偶像"的你有必要为自己发展更多的粉丝。正所谓"得粉丝者得天下"，只有掌握吸引粉丝的技巧，才能够更好地建立和传播个人品牌，使自己在 IP 时代取得更亮眼的成绩。

6.3.2 建立人际关系网，挖掘第一批粉丝

在竞争日益激烈的今天，粉丝的地位越来越重要。在打造个人品牌

的过程中,挖掘第一批粉丝尤为重要。通常第一批粉丝可以变成意见领袖 KOL,并对之后的粉丝产生深刻影响,有时甚至可以把非粉丝变成粉丝。

因此,在开始社交媒体运营的时候,就要思考,要怎样获得第一批粉丝,让他们打响个人品牌,推动个人品牌的传播。要做好这件事情,需要我们想办法建立人际关系网,具体可以从以下几个方面着手:

1. 发布与社交平台风格相符的内容

不同的社交平台有不同的内容表现形式和用户基础,要想通过社交平台获取粉丝,就要了解不同社交平台的特点。例如,抖音是当下火热的短视频平台,许多人在入驻抖音时都会上传自我介绍的短视频或开启直播,以吸引更多人关注。

2020 年 7 月 30 日,雷军正式入驻 B 站(哔哩哔哩的简称),发布了他在 B 站上的第一条短视频。该短视频引发了大量 B 站用户的关注,当日该视频播放量便达到 480 万。这为雷军吸引了数 10 万粉丝,他获取粉丝的利器就在于该短视频切合了 B 站用户的审美。

在雷军入驻 B 站之前,他在 B 站已十分有名。某个 B 站创作者曾经将雷军在发布会上所说的“Are you OK”剪辑成视频,一时间火遍全网。而雷军自己发布的短视频也加入了该视频应用的元素,同时他还在短视频中对该创作者的才华表示了赞赏,并感谢大家的关注与支持。这种轻松幽默、平易近人的短视频受到了 B 站用户的喜爱,也为雷军积累了第一批粉丝。

2. 设置优惠活动

设置优惠活动是获得第一批粉丝的最有效的方法之一。有些人在开通微博,入驻抖音和入驻 B 站时都会设置一定的福利活动,如转发抽奖、直播抽奖等，以吸引粉丝关注。

3. 展现自身专业性

展现自身专业性也是吸引第一批粉丝的有效方法。例如，聚美优品在刚刚成立的时候，也经历了无法吸引粉丝的困顿局面。为了缓解这一局面，聚美优品联合创始人戴雨森在人人网注册了一个账号，表达了自己是 BB 霜达人的"人设"，并发布了一个关于 BB 霜的帖子。该帖子讲述了什么是 BB 霜，教大家如何使用 BB 霜等内容。

戴雨森的帖子既带有一定的专业性，语言又不失俏皮，所以没过多长时间就获得了几十万的阅读量，还吸引众多女性粉丝在社交平台上分享。另外，戴雨森在帖子的末尾植入了聚美优品的链接，实现了内容与网站的相互融合。

不仅如此，帖子发布后还迅速影响了女性粉丝的认知。在这些女性粉丝看来，BB 霜已经成为好用又不贵的化妆品的代名词。通过此次活动，戴雨森获得了第一批粉丝，其知名度和影响力也有了很大提升。

由此来看，在当下这个知识经济越来越重要的时代，专业知识对吸引第一批粉丝非常关键。所以大家应该掌握丰富的专业知识，为输出高质量内容奠定扎实的基础。当然，如果你的语言总是高高在上，也不利于获得第一批粉丝。因此，学会使用通俗、幽默的语言对于吸引粉丝也十分重要。

6.3.3　从第一批粉丝中获得第一份订单

在成功吸引到第一批粉丝后，我们就要在粉丝体验上多下功夫，从而获得第一份订单。有些人输出了很多高质量的内容，推出了各种各样的产品，结果却十分惨淡。其中有一个很重要的原因就是没有充分考虑粉丝的需求,使粉丝的消费体验不断下降。

如果想获得更多粉丝,并让他们成为下订单的主力军,就要提升粉丝体验。那么如何才能让体验感爆棚呢? 我们可以从以下三个方面着手,如图 6-2 所示。

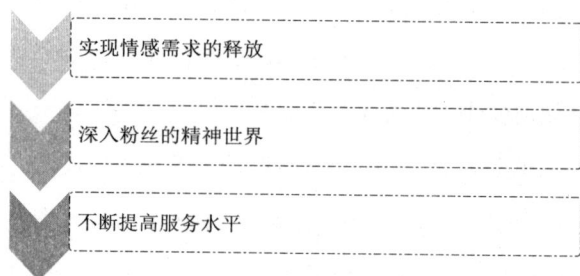

| 实现情感需求的释放 |
| 深入粉丝的精神世界 |
| 不断提高服务水平 |

图 6-2　让体验感爆棚的技巧

1. 实现情感需求的释放

在广告还很稀缺的时候,有广告就意味着影响力的提升以及粉丝信任感的增强。以公牛插座为例,其广告充分展示了产品的高质量,因此,吸引了一大批看重产品质量的粉丝。然而广告越来越普遍后,粉丝的关注点就发生了变化,他们开始想要了解产品的核心功能,于是就出现了脍炙人口的"怕上火,喝王老吉"。

随着时代发展,消费形式逐渐变得多样化,粉丝更愿意追求情感上的共鸣。因此我们在进行粉丝营销时,应该使粉丝的情感需求得到充分释放,让他们感受极致体验。

2. 深入粉丝的精神世界

很多人在打造个人品牌时,往往都只关注对产品质量及产品自身优势的宣传。但是在产品同质化越来越严重的今天,粉丝的观念和情感上升到了一个新高度，更深层次的精神需求成为我们更应关注的重点。对于我们来说，以粉丝需求为中心组织各种活动，深入粉丝的精神世界，是粉丝体验设计的重要技巧。

3. 不断提高服务水平

服务是影响粉丝体验的一个重要因素，足够优质的服务可以让粉丝感受到温暖。华为之所以能够获得如此迅速的发展，主要是因为其始终秉持着以体验为核心的经营理念。华为的产品一直在追求精益求精，如今粉丝对产品的要求日益提高，华为也在进一步优化产品功能以及粉丝体验。

另外，在工匠精神的指引下，华为致力于将高质量的智能产品展现在粉丝面前。正如华为副总裁徐钦松所言，"对于华为来讲，我们要确保在产品上追求极致，体现华为最高的水平，给人们带来最好的体验和感知。华为不会简单地定位硬件的性价比，因为我们在旗舰产品上有更高的追求，这是我们一直在传递的理念"。

粉丝体验对于个人品牌的重要性已经不言而喻了，要想获得粉丝的青睐，就不能忽视粉丝体验的提升。提升粉丝体验不仅有利于传播和推广个人品牌，还能有效增强粉丝黏性。

6.4　提升被动传播能力

如果没有传播，那么个人品牌的发展和进步只能依赖于个体的自我审视与纠正，这对于大多数人来说都是不容易的。打造个人品牌是为了创造价值，即让人们有所启发，有所行动。当个人品牌可以更广泛地传播时，这个价值将体现得更淋漓尽致。

6.4.1　外显性：在关键事件上做文章

提升被动传播能力的一个比较不错的方法是增加曝光度，在关键事件上做文章，使个人品牌形成一定的影响力。中脉科技的创始人之一吴英绪就曾成功运用过这一方法，他多年来一直投身于慈善事业，在慈善圈小有名气。

通过吴英绪的不懈努力，中脉公益基金会成功创立，中脉科技也获得了良好的发展。他认为，做慈善是企业家精神的一个最高境界，正是因为有这样的觉悟，他的形象变得更加立体，个人品牌得到了进一步传播。

吴英绪曾经举办了一场题为"幸福人生"的讲座，对幸福人生之道进行了详细阐述。讲座结束后，他又一次性资助了 10 个贫困学子，并承诺在他们考上大学以后继续资助。他的此次善举得到了广泛关注，当地的电视台、报纸、杂志也进行了报道。

后来经过民政部门批准，中脉公益基金会正式成立，性质为全国性非公募基金会，原始基金达到 5 000 万元。作为该基金会的坚定支持者，吴英绪一直积极参与各项活动，希望为弱势群体提供更好的帮助。在吴英绪的带领下，中脉公益基金会先后获得了"慈善推动者""年度十大慈善企业""关心下一代突出贡献企业""中国儿童慈善奖"等多项荣誉。

可以说，吴英绪通过实际行动来指引自己的团队，实现了慈善行为的传递。他不仅把自己的事业打理得井井有条，还在认真做慈善。这不仅有利于个人品牌的建立和个人形象的优化，也有效地吸引了媒体的主动报道。

与此同时，他的影响力和知名度也有了很大提升。

我们可以像吴英绪这样做一些有利于社会和公众的事，从而推动个人品牌的传播。但需要注意的是，不能为了吸引眼球而做一些有负面影响的事，否则很可能会自食其果。

6.4.2　新奇感：体现自身个性化

在打造个人品牌时，我们要充分体现自己的个性化。个性化就是不同于他人。现在很多人都将"敬业""专业"打造成自己的标签，但这样往往难以突出特色。从自己的与众不同之处入手打造个人品牌，更能加深人们对你的印象。

提起网易 CEO 丁磊，业界往往称其为"首席产品经理"，但是在众多网易用户心里，丁磊的另一个标签更让人印象深刻，那就是"音乐爱好者"。丁磊曾经在一封给用户的回信中表示，"我是丁磊，一个音乐爱好者"，而这个标签并不只是说说而已。

丁磊在音乐方面表现出超乎寻常的热爱和执着。例如，之前网易云音乐要推出黑胶唱片模板的 UI 界面，丁磊不仅要求界面做到"形似"，更要做到"神似"，即唱片模板在转速上要符合真实的黑胶唱片。为了达到理想的效果，他让团队调试了数十次，最终获得了理想的界面。此外，他本人也时常跟用户沟通，向用户推荐自己喜欢的歌单。

如果你想让自己变得更个性化，那还需要规避一些误区。例如，有些人为了赢得喜爱，会为自己打造"完美"标签，但这个标签很可能是不真实的。其实你需要真实地面对众人，坦然地接受自己的不完美，很多时候不完美也可以成为你的个性标签。例如，"雷氏英语"就是雷军的个性标签，这个标签体现了雷军不太标准的英语发音，加深消费者对雷军的印象，使雷军的个人品牌更深入人心。

6.4.3 利他性：赋予自身分享属性

儒家主张"仁爱"，道家主张"损有余而补不足"，虽然看起来每一家的主张各有不同，但其实都围绕着一个核心——利他主义。利他主义平衡了社会矛盾，缓和了逐利性带来的危害。那么在打造个人品牌时，利他主义又意味着什么？

利他主义是一种行为方式，这种行为方式的价值观基础是不期待回报，发自内心地帮助别人。我们在打造个人品牌的过程中，也应该始终秉承利他主义原则，承担起自己的社会责任，推出对人们有益的产品和服务。

在践行利他主义上，劲牌董事长吴少勋做得非常不错。他是一位非常正气的企业家，经过一步步努力，成功把劲酒集团发展成了中国保健酒行业的龙头企业。他对自己的要求十分严格，在他看来，企业家的社会责任比普通人更大。

实际上，吴少勋的利他主义思想在很多年前就有所体现。当时，他看到家乡的环境污染特别严重，红星湖中的死鱼和湖边的垃圾让他内心震动。为了解决这些问题，他决定每年投资 100 万元用于红星湖的治理和维护。现在，红星湖已经展现出了全新的景象，湖中鱼儿嬉戏，湖边杨柳轻拂，环境得到了极大改善。

可见，吴少勋确实在认真践行利他主义，积极承担社会责任，为更多人谋福利。但他依然不把自己当成一个慈善家，因为他认为慈善是企业家应该做并且要做好的事情。

除了吴少勋之外，还有很多人也通过做慈善弘扬利他主义的价值观。随着时代发展，利他主义正在逐渐取代利己主义，这就意味着，我们不仅要在输出内容的过程中强调利他主义，还要实实在在地做一些可以体现利他主义的事，如慈善、承担社会责任等。

此外，我们也可以通过产品体现利他主义的价值观，即推出更有益于大众的产品。这就要求我们立足于市场需求，推出能够解决大众痛点的产品，并不断优化使用体验。利他主义是产品价值观的体现，我们可以通过产品弘扬自己的利他主义，深化自己的个人品牌。

6.4.4　打造大 V 背书策略：让粉丝拥有荣誉感

随着粉丝经济不断发展，大 V 的影响力已经变得越来越大。大 V 是在社交媒体上获得认证，拥有大量粉丝的"网络红人"，其行为举止会受到粉丝的热切关注。基于此，大 V 在社交媒体上的宣传造势必然能给我们带来不可估量的益处。

例如，运动员傅园慧在里约奥运会上接受赛后采访时，夸张的面部表情吸引了广大网友的关注，随后她凭借"洪荒之力"的表情包迅速走红，她的表情包也被称为"最具有魔性的表情包"。该事件一出，很多人开始在微博上发布与傅园慧有关的内容，并纷纷为她加油鼓气，而这些人也在那段时间获得了不少粉丝。

借助大 V 的力量不仅可以获得粉丝，还可以提升粉丝对个人品牌的信任，使个人品牌更稳固。

当然，借助大 V 的力量不只是选择一个人这么简单。如果你想让大 V 为自己背书，那么最好选择有某方面专长的大 V 或者某个行业的资深大 V。因为这样的大 V 言之有物，可以分享出真正实用的东西，积累的粉丝也都有非常高的黏性。另外，大 V 越专业、越知名，就越能显示个人品牌的档次和水平。

如今,借助大 V 的力量已经成为获得粉丝和推广个人品牌的一个常用方法,而大 V 的选择又是其中非常关键的环节。掌握选择大 V 的技巧可以帮助我们找到一个合适、合格的大 V。大 V 的助力不仅会吸引更多粉丝,还会使个人品牌进一步优化。

6.4.5　社群属性:打造你的粉丝圈

如果你已经拥有了一定数量的粉丝,那么建立社群是十分有必要的。社群的建立能够维系和留存粉丝。有了众多忠实、活跃的粉丝,你的个人品牌才会有发展的基础。在建立社群时,做好以下几方面的分析是非常重要的:

首先,对自身优势进行分析。当明确了自己的专业优势、产品优势、性格优势后,你才能明确自己所能吸引到的粉丝类型。

其次,对社群内容进行分析。内容是社群的核心,你要根据自身实际情况和个人品牌定位确定社群的内容。例如,你是各类电子产品的销售员,那就可以在社群中讲解与电子产品相关的产品知识和技术知识,也可以在社群中发布产品的各种优惠,激发粉丝的购买欲。在发布内容的风格方面,你可以以文字、图片等方式发布,也可以创作风格独特的漫画或短视频发布,更好地彰显社群特色。

最后,对粉丝进行分析。你可以从两个方面入手分析社群粉丝:第一是目标粉丝,你所销售的产品决定了社群的目标粉丝,即所有对产品有需求的人都是社群的目标粉丝;第二是粉丝结构,你要分析社群中有哪些类型的粉丝。准确分析粉丝结构对维护社群和扩大社群规模都能起到非常重要的作用。

明确了目标粉丝的类型和结构,你就可以据此进行更精准的内容推送,并根据粉丝的特点和需求设计社群活动,以此吸引更多的粉丝。

6.4.6　展示幽默：帮助粉丝感受趣味性

具有趣味性的个人品牌更受人们的欢迎，也更容易被人们记住。很多人在讲话时即使介绍的是复杂的专业知识，话语中也透露着幽默，并且经常夹杂着一些段子和小故事，能够让人们在轻松愉悦中接受观点。这是很好地促进个人品牌传播的形式。

趣味性不是单纯的油嘴滑舌，而是一种智慧。趣味性的谈吐不仅能让听众开怀一笑，还能让听众在听过之后理解其中的深刻含义。因此，个人品牌的趣味性要有的放矢，符合人们的喜好和需求，要让人们在笑过后记住个人品牌。

提起雷军，很多人就会想起他的"雷氏英语"。曾经在印度的一场发布会上，雷军在询问大家对自己的产品是否满意时，一遍遍地向大家说"Are you OK?"而不标准的发音迅速成为热点，在网络上引起了广泛关注。随后，一个 B 站用户将雷军的讲话剪辑为一首神曲《Are you OK》。目前这首神曲在 B 站的播放量已超过 3 600 万，弹幕超过 18 万条。

对此，雷军并没有生气，而是进行了自我调侃。后来雷军还将这首歌放到了小米音箱中，只要用户对着小米音箱说出雷军的名字，小米音箱就会播放《Are you OK》。

2020 年 8 月 11 日，雷军在小米十周年演讲中称："小米公司在国际化路上，有坎坷，也有欢乐。之前在海外发布会上一次临时安排的发言让我成了 B 站的灵魂歌手。我还没回国，《Are you OK》已经上了热搜，我从此需要到处解释，武汉大学是正规大学，是我自己英语没学好，不是武大没教好。"

雷军的种种行为都表现了其造"梗"的能力。现在，"Are you OK?"已经成了一个广为人知的"梗"，我们也从中感受到了雷军的幽默。时至今日，雷军和他的《Are you OK》也是众多网友谈论的话题，人们在开心之余又感觉到了雷军的可爱。

"雷氏英语"是雷军的一个重要特质，体现了他的幽默和娱乐精神。我们在传播自己的个人品牌时，也要具有这种幽默和娱乐精神，同时还要锻炼造"梗"能力。在面对不足时，无须回避，适当自黑将"缺点"打造成"梗"也是不错的选择。

第7章

品牌 IP 化：建立认知标签，快速引爆流量

在流量时代，各公司之间的竞争会更激烈，稍有不慎，就可能错过最佳机会，被对手超越甚至打败。因此，我们需要以更符合时代潮流的方式建立认知标签，让品牌实现 IP 化。这不仅可以让人们获得全感官式的体验，还可以让人们更深刻地认识和理解产品，从而在无形中建立强大的信任关系，使人们对个人品牌更有好感。

7.1 IP 自带"流量"属性

IP 是近几年与互联网思维、极致产品、爆品、共享经济等一起火爆起来的概念，也是很多公司非常关注的自带"流量"属性的热点。在"酒香也怕巷子深"的时代，流量已经成为一个不容忽视的工具，会对品牌 IP 化和品牌传播产生很大作用。

7.1.1 IP 是你的专属词汇

为什么个人品牌需要 IP 化？原因就在于 IP 可以吸引更多的流量和注意力，这对于我们深化个人品牌而言是十分重要的。人们接收的信息是有限的，在信息爆炸的当下，人们往往只愿意接收自己感兴趣的信息。

面对大量的个人品牌，人们只会记住其中很小的一部分。由于人们在购买产品的时候会面临诸多风险，所以大多数人更愿意选择其他人购买过且好评的产品，这也是一些大品牌能够获得更多青睐的原因。

这些现实都意味着我们不仅要打造个人品牌，还要将个人品牌孵化成个人 IP 从而汇聚更多注意力。个人品牌 IP 化能够解决注意力匮乏的问题。首先，IP 能够承载和强化信息，更容易产生话题；其次，IP 具有感染力，可以向人们传递更多情感；最后，IP 生动、饱满的形象塑造可以为个人品牌带来更高的辨识度。

那么，个人品牌要如何进行 IP 化呢？IP 化即人格化，个人品牌的 IP 化就是让个人品牌拥有鲜活、具体的特征。例如，提到迪士尼大家就会想到米老鼠、白雪公主等经典角色，这些角色就是迪士尼的知名 IP，正是这些 IP 赋予了迪士尼经久不衰的超级影响力。

品牌的创始人可以成为天然的人格化 IP。例如，在苹果手机的粉丝中有很多都是乔布斯的忠实拥护者，而乔布斯就是一个成功的 IP。很多品牌的创始人因为个人魅力而成为知名人物，也将其魅力反映到了品牌上，让品牌拥有了一份温度与性情。

IP 是从个人品牌进化而来的，是个人独有的差异化标签，具有独特印象。如果说个人品牌是一座"金字塔"，那么 IP 就是金字塔上更容易被看到的"塔尖"部分。我们需要在自己的个人品牌上集中发力，打造自身差异性，建立具有丰富记忆点的差异化标签。

7.1.2　IP 可以在多领域产生价值

与个人品牌相比，IP 具有更强的商业转化能力，是一个持久的消费入口，可以在很多领域产生价值。IP 的价值通常表现在以下几个方面，如图 7-1 所示。

1 凝聚更多粉丝　　**2** 拥有超长的生命周期

3 商业转化方式多样

图 7-1　IP 的价值

1. 凝聚更多粉丝

相比个人品牌，IP 能够凝聚更多粉丝。IP 作为一种超级文化符号，具有较高的辨识度和较强的影响力，能够加深人们对个人品牌的认知。同时，IP 传递出的感情和价值观能够增加粉丝的认同感和归属感，增强粉丝对个人品牌的黏性。这些对于后期商业转化都是十分有利的。

2. 拥有超长的生命周期

形成 IP 的个人品牌必定有优质内容的支撑，这些不断更新的优质内容能够体现出 IP 的价值观和精神内核，是 IP 最吸引粉丝的地方，同时也使 IP 拥有了超长的生命周期。我们以 IP 为核心不断推出新的优质内容，满足粉丝的需求，就能够获得更长久的发展，也能够使个人品牌实现长久、持续的商业转化。

3. 商业转化方式多样

当个人品牌成为 IP 后，其商业转化形式会更加多样。例如，可以通过直播、短视频创作等多种方式商业转化。而且当个人品牌成为 IP 后，在更多流量的支持下，收益也会大大增加。随着知识经济的发展，也可以通过推出课程引导粉丝为知识付费等方式获得收益。如果课程的质量足够高，那么这部分收益将非常丰厚。

IP 具有更强大的粉丝吸引力和凝聚力，而且拥有超长的生命周期以实现长久的盈利。围绕 IP 进行商业转化，其方式也更多样。因此，打造 IP 能够帮助我们扩大收入来源，尽早实现财富自由。

7.2 扩大个人 IP 影响力

著名管理专家彼得斯曾经表示，21 世纪的工作法则是建立个人 IP，它将为我们带来更强大的力量，深远地影响每一个人。实际上个人 IP 不是高深莫测的概念，它的核心是某个人的特征，人们会根据该特征选择是否要喜欢这个人及其打造的产品。

7.2.1　打造 IP 需要有信任加持

信任是 IP 的基石，人与人之间的信任要依靠相互的交集去建立。交集可以围绕生活、工作或者感情产生，而且交集越多，人与人之间的信任感就会越强。信任作为 IP 的基石，是我们都应该重视并尽力给予其他人的。

在打造个人品牌时，将心比心非常关键，只有更积极地进行换位思考，才能够与大众建立良好的信任关系，从而获得大众的认可和青睐。一个成功的 IP 通常会把大部分时间放在树立信任上，其余的时间则用来为自己贴标签，形成外部包装。一般我们通过 80% 的情感付出，便可以树立 100% 的信任，从而使个人品牌变得更加立体和优质。

如今，大多数人的内心是缺乏信任的。如果我们能够在打造个人品牌的过程中树立信任，坚持诚信经营，那么便能在市场竞争中站稳脚跟，逐渐走向辉煌。

在信任营销方面，苹果公司是一个不得不提的经典案例。为了俘获用户的"芳心"，更好地立足于市场，苹果公司提出了"信任营销三原则"，具体内容如图 7-2 所示。

1. 通过培养共鸣感，赢得信任

苹果公司在设计产品时，会紧密结合用户的感受，更好地理解用户的需求，这无疑是对培养共鸣感的充分体现。另外，乔布斯认为，要做到信任营销，应该充满人文主义精神，坚持以人为本，力求获得更多人的认可。

图 7-2　苹果公司的"信任营销三原则"

2. 保持专注,促进专业性提升

只有保持专注,才能更专业;只有保持专注,才会精益求精。乔布斯的专注能力特别强,他会专注于核心产品和某些重要业务,抛弃没有太大价值的产品和业务。正是由于他的这种专注和果敢,才让苹果公司获得了大众的信任,从而促进了苹果公司的发展。

乔布斯重新回归的时候,苹果公司的产品线非常多,他认为这样会严重影响产品的质量,于是便提出以后只专注生产拉动消费型、专业型、便携型和台式四种类型的产品,其他类型的产品则全部停止生产。实行该方案后,生产其他类型产品的优秀人才和资金就得到了释放,从而使上述四种类型产品的质量有了很大提升,苹果公司也发展得越来越好。

由此可见,乔布斯始终秉持专注的做法和完美主义的理念。在产品生产过程中,为了追求完美,乔布斯经常要求重新来过,也正是因为如此,苹果公司才可以通过与用户产生共鸣的方式,获得大批粉丝的信任。

3. 向用户灌输产品的内涵

不可否认,有些人确实十分注重产品的颜值,所以苹果公司坚持把最好的产品全面而细致地展现在用户眼前。乔布斯一直相信,只有把产品的外在形式、质量、价格、售后服务等信息灌输给用户,用户才会心甘情愿地认可并且购买这一产品。

正是因为乔布斯认真遵循上述"信任营销三原则"，并不断加强苹果公司与用户之间的交集，才使苹果公司成为一个深受信任的公司。到现在，只要苹果公司推出了新产品，即使价格非常高昂，很多人依然愿意购买。这就体现出了用户对苹果公司的信任，也充分体现出了乔布斯个人 IP 的强大力量。

7.2.2 STEPPS 法则让用户主动传播

要想让用户主动传播个人 IP，我们首先要找到产品或个人 IP 与用户之间的连接点，通过建立联系，调动用户的联想能力，让用户自觉地对个人 IP 进行二次、三次甚至多次传播，从而引起裂变效应。美国宾夕法尼亚大学教授乔纳·伯杰提出 STEPPS 法则就指出了构建个人 IP 影响力的方法，可以很好地促进个人 IP 的传播。

S：社交货币（Social Currency）

所谓的社交货币就是指在社交行为中所必需的条件。社交行为包括寻找谈资、表达想法、帮助别人、展示形象和社会比较，而社交货币则包括提供谈资、帮助表达、提供有用信息、塑造形象和促进比较。见表 7-1。

表 7-1 社交行为及社交货币

社交行为	社交货币
寻找谈资	提供谈资
表达想法	帮助表达
帮助别人	提供有用信息
展示形象	塑造形象
社会比较	促进比较

这几个部分构成了一个循环过程。在这个过程中，我们要了解并迎合人们的需求，塑造出他们内心渴望的形象，让他们主动追随，我们则可以从中获得流量和信任。这个过程就是社交货币的过程。

T：促因（Trigger）

促因就是建立一个与周围环境相关的专属连接，是一个让人们把内容与生活中的场景联系起来，激活人们对产品和思想的有关线索，让产品、思想与场景产生关联的连接。这样，一旦人们在某个环境下遇到相关线索，就会自然而然地联想到产品和打造产品的人。

E：情绪（Emotion）

所谓情绪，就是引起人们的情感共鸣，以情感驱动人们采取行动。人们的情绪有积极、消极和高唤醒、低唤醒之分，见表7-2。

表7-2　情绪分类

	高唤醒	低唤醒
积极	敬畏、娱乐、兴奋、幽默、正能量	满足
消极	气愤、担忧	悲伤

情绪可分为积极、消极、高唤醒和低唤醒四类，而积极又高唤醒的敬畏、娱乐、兴奋、幽默、正能量等才是我们需要引导用户拥有的情绪。有些事会激发人们的分享欲望，有些事则会遏制，两者往往一线之隔。如果情绪未使用得当，效果会适得其反且很难恢复。所以我们要宣传那些能让人们有积极情绪的事件，激发人们传播个人品牌的欲望。

P：公共性（Public）

公共性是指人们具有模仿心理，这种心理会产生社会影响甚至集群效应。但是人们在没有看到具体内容时是不会轻易模仿的，这就要求我们设计具备公共性的产品和内容，创造一种更强大的渗透力和影响力。

例如，雷军曾写过一封公开信，名为《小米是谁，小米为什么要奋斗》，很快引起他人模仿，出现众多"回信体"文章，如图 7-3 所示。

雷军的"回信体"文章就是具备公共性的内容。通过"回信体"的火热，雷军制造了行为上的渗透力和影响力，构建了其个人 IP 的影响力。

图 7-3　"回信体"的火热

P：实用价值（Practical Value）

衡量实用价值的标准是有没有解决人们的需求，如感情需求、认知需求、猎奇需求、应用需求等。只要你的产品或思想对人们有帮助，人们就愿意将你介绍给其他人，由此使你的个人品牌传播开来。实用性在个人品牌传播中显现出强大的生命力。

例如，梁宁的《产品思维 30 讲》没有做任何营销推广，就获得了极大的关注，原因就在于实用性使其具备了被分享的价值。在《产品思维 30 讲》中，梁宁提到了一个很新的概念——学习产品思维就是构建人生的底层能力。她把目标群体的痛点和自己的知识产品结合在一起，让自己的产品成为目标群体的刚需，也让自己被更多人关注。

因此，我们应该明确哪些内容会让人们觉得更有营养和值得信赖。同时，我们也需要用自己的专业知识帮助人们解决问题，让人们真正地喜欢上自己。

S：故事（Story）

所谓故事，是指人们喜欢听故事。故事不仅能够将某一件事置于某种情境,更重要的是可以帮助讲故事者潜移默化地传递情感。我们应该精心设计故事的结构、矛盾点、案例,学会在故事中注入产品或个人思想,侧面宣传产品或个人思想。例如,被采访或参加节目访谈时,通过讲故事的形式介绍自己效果会更好。

借助 STEPPS 法则中的几个要点,我们可以更快速、有效地构建 IP 影响力。

7.2.3　抓住时机,巧借热点

让个人 IP 营销发挥最大效能的第一个办法是抓住时机、巧借热点。热点是近期发生,并且具有很大影响力的事件。在进行个人 IP 营销的过程中,热点能够为我们带来更广泛的关注。当下是一个信息爆炸且碎片化非常严重的时代,热点是极其重要的。

我们须有非常敏锐的眼光去洞察热点并抓住时机,还需要懂得顺应大环境,搭上热点的"顺风车",为自己打造影响力。对于个人 IP 营销而言,抢占时间节点是成功的关键。那么在借热点营销方面,需要把握以下节点:

1. 热点发生前的 12 小时内

有些热点是可以预测的,在热点发生前的 12 小时之内,我们需要做好借热点营销的准备工作。例如,历年的"双 11"都是一大热点,如果你想借此时机开启直播进行自我营销,那就需要在"双 11"前夕设计好直播内容并多渠道发布直播预告,吸引更多人关注。

2. 热点发生后 1 小时内

热点发生后 1 小时内是借势营销的黄金时期,如果你能在这个时期发出与热点相关的海报或文章,往往会吸引很多人点赞和转发,因为人们需要通过转发与热点相关的信息来表达自己的想法。总之，借势营销越迅速，产生的效果越好。

3. 热点发生后 6 小时内

在热点发生后的 6 小时内，虽然此时距热点发生已过去了很久，但还是可以利用创意再做一轮营销。如果这轮营销做得足够好，那么将有机会出奇制胜。

4. 热点发生后 6～12 小时

在热点发生后 6～12 小时，做借势营销就很困难了。因为此时仅有创意已经不够了，还要有强大的资源支持。对于大多数人来说，获得这样的支持并不容易。

5. 热点发生后 12～24 小时

如果距离热点发生已经过去了 12～24 小时，那基本没有做借势营销的必要了。因为此时热点已经成为过去式，创新想法层出不穷，借势营销的效果也将不复存在。

因此，在进行借势营销的过程中，要抓住时机，紧扣时间节点，在每个时间节点做好应做的工作，这样才能为个人 IP 赋能，促进个人品牌的大范围传播。

7.3　有哪些成功的个人 IP

随着个人品牌时代的到来，个人 IP 在商业发展中有着举足轻重的地位,可以帮助我们打造"护城河",在竞争中取得胜利。从某种意义上来说,个人IP已经成为一个符号,是一个自带流量的概念,包括罗振宇、李子柒在内的知名人士都在积极打造自己的个人IP。

7.3.1 罗振宇:有趣、有料的"说书人"

罗振宇以视频自媒体"罗辑思维"建立和推广了自己的个人品牌,展现了自己在读书方面的专业性。"罗辑思维"以"有种、有趣、有料"为口号,以"帮大家读书"为使命。罗振宇通过"罗辑思维"分享了很多读书的心得体会,引导更多人独立思考。

罗振宇以他丰富的知识储备和幽默的语言特色获得了广泛关注。当前人们的生活节奏不断加快,很少有时间坐下来认真去读一本书,而罗振宇就看中了这一痛点,帮助那些想读书却没有时间和精力的人去读书。

无论是罗振宇还是他的团队,都具有丰富的知识储备,依靠这个优势,他们从大量畅销书中挑选出更为优质的一部分,然后由罗振宇将读书心得分享出来。罗振宇做到了"知识"与"趣味"的结合,让人们在观看视频的同时还能够学到知识。这样的形式在之前很少出现,对于追求新鲜感的人们的确很有吸引力。

在视频制作方面,罗振宇相当用心,无论是画面效果还是语音质量,都力求上乘。另外,罗振宇对节奏的把控也十分得当,视频的中间会有两次中断,进行好书推荐及微信公众号推广。这两次中断就像下课休息一样,给观众一个缓冲的时间,观众观看视频的时候,不会感到疲劳和厌烦,甚至还会因为短暂的休息而精力充沛。

罗振宇讲述和推荐的书能带给人们一定的启发。他表达的内容并不是单纯的语录和段子,也不是毫无营养的心灵鸡汤,更不是矫揉造作的表演,而是对历史的阐释及对社会热点问题的深刻剖析。罗振宇本人也十分风趣，有时还会自我调侃，给人们带来欢快、轻松的氛围，摆脱了机械地讲述知识、介绍好书的模式，从而收获了大量粉丝。

　　罗振宇凭借一人、一桌、一椅、一团队发展到今天的地位实属不易。"有种、有趣、有料"的口号，"帮大家读书"的使命，"死磕到底"的坚持，认真对待粉丝的原则都是其打造个人 IP 的重要内容。传递知识、坚持品质、守护理念已经成为罗振宇的特色标签。

7.3.2　李子柒：乡村美食、深入人心

　　美食达人李子柒用一道道古法自制美食，吸引了一大批粉丝。在用高质量内容沉淀了良好口碑以后，"李子柒"已经变成了一个 IP、一个符号。对于李子柒而言，2018 年 8 月 17 日是极其不寻常的一天，因为她的同名天猫店铺在这一天正式上线。

　　此后，李子柒走上了商业转化之路。天猫数据显示，李子柒的天猫店铺上线当天，除了即食燕窝之外，其余产品的销售量均超过了 1 万，销售总额更是突破了 1 000 万元，评价区的留言也以夸奖、赞美产品为主。她的商业转化之路走得非常通畅，走对了方向确实是一个重要原因，但仅仅只依靠这一个原因是不够的，她的成功还得益于个人品牌的强大影响力，主要表现在两个方面：

1. 自拍自导自演，争做美拍达人

　　李子柒常年与奶奶一起居住在乡村，她通过抖音等短视频平台发布一些自拍、自导、自演的古风美食视频。出乎意料的是，这种充满田园风情的视频非常受欢迎，她本人也因此吸引了一大批粉丝。

李子柒更新视频的频率并不高，但保证输出的每支视频都是高质量的。通常情况下，她的视频都会带有"古香古食""美食"的标签，目的就是让大家知道这是关于传统美食手工制作的视频。

视频中用到的食材都是李子柒在自己家的地里新鲜摘取的；灶台是最古朴的柴火石灶；厨具是最普通的竹篮木碗。在制作美食的过程中，无论是洗、切，还是蒸、炒、炸、炖，她都力求做到精致、认真，希望可以保留原料最本真的味道。对于那些居住在城市的人们而言，这种最质朴、最真实的乡村生活非常具有吸引力。

正如自媒体界非常流行的一句话——"内容为王"的原则不会过时，我们要想让自己的个人 IP 受欢迎，吸引更多粉丝，就应该重视对内容的精耕细作。在这一方面，李子柒没有让大家失望，凭借着自己的高质量内容，获得了一大批粉丝的青睐。

2. 专注泛知识内容领域，拒绝接广告

通常拥有上百万粉丝的达人都具有极大的商业价值，无论是开直播还是接广告都可以获得比较丰厚的利润。而当时李子柒不仅拥有大量粉丝，还由于她的内容垂直化程度比较高，粉丝的黏性非常强，商业转化获利要更容易。

但是，即使面对高额费用的诱惑，李子柒依然拒绝了接广告这个商业转化获利方式，这一点与负责李子柒个人运营和视频制作的公司微念的理念高度契合。对于李子柒，微念的创始人刘大雄说："李子柒可遇不可求，微念要做的是自主品牌，也可以叫 IP 品牌，按照李子柒的品牌调性，最终切入的就是'中国传统文化里面的可能受现代年轻女性喜欢的时尚食品'。"

实际上，为了商业转化获利而放弃个人 IP 建设的做法非常不可取：一方面会破坏部分粉丝的好感；另一方面不利于适应当下这个交替变化十分

快的自媒体领域。于是，李子柒选择对内容进行精耕细作，通过高质量内容将粉丝聚集起来，使自己成为一个具有独特风格的个人品牌。事实证明，李子柒这样的做法十分正确。

在自己深受粉丝喜爱之际，李子染没有急于商业转化获利，而是致力于打造内容与个人品牌。于是，当李子柒的天猫店铺上线后，众多粉丝的消费欲望转化成异常强大的消费力，促进了产品的销售和推广。由此来看，内容和个人品牌才是走向成功的"秘密武器"。

第8章

沉淀流量：持续挖掘粉丝价值

近几年，人们对流量的讨论就没有停止过。在浩瀚无际的信息海洋中，你要想进入大众视野，给人们留下深刻印象，那就不能只想着获取流量，而应该将重心放在沉淀流量上。记住，只有沉淀下来的流量才更有价值。

8.1　个人有影响力 ≠ 有流量池

现在很多人都想获取和沉淀流量，但对于他们来说，最大的问题不是没有流量，而是没有稳定的流量。一旦有了稳定的流量，就可以打造流量池，从而不断提升自己的知名度，让越来越多的人加入进来。

8.1.1　没有转化的营销都是浪费

众所周知，有流量才有经济效益。打造和传播个人品牌的目的是实现营销转化，获得经济效益，但这一目的不容易实现。随着互联网经济的发展，各领域之间的业务交集越来越多。人们在搜索时能看到电商推送，购物时能聊天交友，聊天交友时能查看店铺链接。

很多人都开始"觊觎"其他领域的流量，流量渠道被打通，"内容"成了串联各流量渠道的工具。一旦有了内容，就相当于有了"子弹"，内容上传到互联网，传播就开始了。试想，如果有更多内容让更多人去传播，以现在的传播速度，其影响力和规模是不言而喻的。同时，个人品牌也能在这个过程中发展起来，有利于形成良性循环。

在"内容为王"的时代，流量似乎变成"薛定谔的猫"，难以捉摸。例如，百雀羚通过一个神转折的悬疑故事《一九三一》推广母亲节定制礼盒"月光宝盒"。这个广告引发了"现象"级刷屏，证明它的确戳中了不少人的痛点。

然而，在朋友圈的繁荣景象背后，却是营销数据的惨淡，《一九三一》只有不到 0.008％的转化率。

阅读量与销量的惨淡对比，给众多营销人敲响了警钟，也重新定义了流量与广告的价值。获取流量的最终目的是出售产品，获得利润，而不仅是博君一笑。很显然，百雀羚的广告从传播效果来看是成功的，吸引了人们的注意，为品牌带来了巨大流量。但人们在看完广告后，赞美的是广告，而不是产品本身，这就有点本末倒置了。

百雀羚本着吸引年轻人的目的，急于搭上流量的快车，却忽略了自己的忠实用户大多是年龄偏大的女性，最终导致内容与产品的目标群体分离。这个案例可以说明，获取流量的确可以博得关注，但真正帮助我们盈利的是转化率。

而营销转化难同样也是个人品牌传播的痛点。许多人在输出内容时都执着于做"爆款"，却忽略了主流用户群体的特点，最后只能造成"虚假繁荣"，对个人品牌盈利没有起到什么帮助。人们的关注点是不同的，如果你的主流用户群体是年龄偏大的人，那么他们就更喜欢传统的传播方式，如电视、报纸等。若你以复杂、长篇的文案进行个人品牌营销，那么他们就会觉得"对个人品牌的强化不够""操作过程复杂"等。他们也许只想简单地买东西，但花哨的文案使他们不得不进行各种搜索、点击，他们在这个过程中很可能流失掉。

因此，我们在设计营销内容时要以主流用户群体为基础进行设计，这样生成的流量才是有效的。只有有效的流量才能带来高转化率，最终实现盈利。

8.1.2 用流量池思维实现社群裂变

在社群时代，应该建立自己的社群，并不断扩大社群规模，进行社群裂变。在进行社群裂变之前，我们首先要分析社群是否已经成熟。如何确定社群已经成熟？关键就在于分析构成社群的五大要素是否已经成熟，如图 8-1 所示。

图 8-1　构成社群的五大要素

1. 同好

同好，指人们对某种事物的共同认可。例如，在你建立的社群中，粉丝都对你销售的产品有兴趣，粉丝之间也有着相似的爱好，这些粉丝会因此形成同好。当粉丝之间的同好足够稳定时，就说明社群在这一方面已经成熟。

2. 社群结构

社群结构在很大程度上决定了社群的存亡。社群结构由以下几部分组成：社群成员、交流平台、加入原则和管理规范。如果你没有对这四个方面进行合理规划，那就会影响社群的发展。社群要有一个或几个可以引导价值观的 KOL，他们能吸引大批粉丝加入。而随着粉丝数量的不断增多，社群的入群门槛儿和管理规则也应逐渐完善，否则就很难保证粉丝的质量和社群的正常运营。

3. 输出

输出是指社群可以为粉丝提供的价值，在很大程度上决定了社群的质量。例如，你可以在社群中发放产品的优惠券，分享关于产品的干货知识等。但是，个人的输出能力往往是十分有限的，社群中不乏铁杆粉丝，他们对产品同样有很深入的了解，也愿意分享自己的小技巧和使用体验。这些粉丝是内容输出的主力军，要调动他们在社群中输出内容的积极性，推动社群走向成熟。

4. 运营模式

成熟的运营模式是社群裂变的关键因素，运营模式在很大程度上决定了社群的寿命。你可以从粉丝的活跃度、凝聚力、黏性等方面分析社群的运营模式是否成熟。

5. 可复制性

可复制性是实现社群裂变的前提。你可以从社群的管理规则、运营模式、内容输出等方面判断社群是否能够被复制。一般社群规模越大，效益就会越好，这也是很多人想要扩大社群规模的主要原因。

在进行社群裂变之前，分析构成社群的五大要素是否已经成熟是非常重要的。成熟的社群才可以实现裂变，产生更好的效益并获得长远发展。当社群发展成熟，具有可裂变的能力后，你就可以将社群中的 KOL（核心粉丝）分裂出去，打造社群矩阵。

8.1.3 如何获得重复流量

当流量可以重复利用时，获得流量的成本不变，却可以有更高的转化率。这样在降低营销成本的同时也可以让我们有更多的收益。什么样的流量可以重复利用？当然是私域流量。当我们通过社群、自媒体等获得了私域流量后，就要通过经营和促活等工作对其进行重复利用。

为什么私域流量可以重复利用？如果聚集起流量后，只以流量收割为目的，那么我们和粉丝之间就是单纯的买卖关系，难以发挥粉丝的更大价值。而如果这些粉丝成为我们的私域流量，通过粉丝经营不断加深他们对个人品牌的认知，那么这些粉丝就极有可能多次购买产品。同时，粉丝对我们十分信任，他们是我们的忠实拥护者和产品的忠实用户。粉丝的忠诚度高，自然就会反复购买产品，私域流量也就实现了反复利用。

假设你通过经营社群沉淀了自己的私域流量，并在社群中不断推出知识付费产品，社群中的粉丝对这一产品是存在长期需求的，如果粉丝通过产品获益良多，就很可能购买第二期、第三期课程甚至长期为产品付费。这样也就实现了私域流量的反复利用，你获得的效益也会比之前更丰厚。

8.2　六次触达，沉淀老粉丝

营销学中有一个非常著名的理论——"六次触达理论"，大致的意思是一个人如果可以被你触达六次，那么你有很大概率可以将其转化为忠实粉丝。忠实粉丝无疑可以为你带来更多效益，也可以帮助你向其他人传播个人品牌，推广产品。

8.2.1　第一次:释放诱饵,吸引注意力

品牌入脑,IP入心。有这么一句话,"比不看好你更悲哀的是根本没人看你"。在沉淀流量的过程中,吸引人们的注意力是十分关键的。正所谓"无人关注即为无效",商业的本质就是价值经济和注意力经济两条线。也就是说,在衡量一个人时,价值和注意力是重要标准,如图8-2所示。

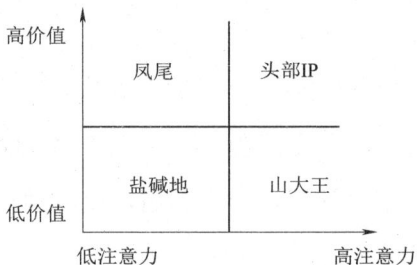

高价值

凤尾	头部IP
盐碱地	山大王

低价值

低注意力　　　　　　高注意力

图 8-2　个人价值分类

由上图可知,低价值、低注意力的人如同"盐碱地";低价值、高注意力的人如同"山大王";高价值、低注意力的人如同"凤尾";而高价值、高注意力的人就会成为"头部"IP。未来可能是"头部"IP才能赢的时代,其他类型的人都应在价值和注意力两个方面不断提升自己,为自己沉淀更多流量。

在注意力方面,无论是低价值的"山大王"还是高价值的"头部"IP,对个人品牌的IP化传播和沉淀流量都是十分有利的。人们购买产品的行为是从对产品的认识开始的,在竞争激烈的市场上,个人品牌逐渐成为人们选择产品的重要依据。因此,为了使人们在众多产品中锁定自己的产品,就要利

用个人品牌引起人们的注意。

只要你想打造个人品牌，那就应该提升自身的关注度。还是那句话：无人关注即为无效。因此，我们要善于将社会中的热点和个人品牌相结合，二者结合往往会产生意想不到的效果。

8.2.2　第二次：激发兴趣，建立关系

在选择产品的过程中，对产品的兴趣会激发人们的购买欲望，个人品牌的 IP 化传播也是一样的。人们对个人品牌有兴趣，才会推动个人品牌传播，流量才会更好地沉淀下来。因此，我们要与人们建立良好的关系，引起人们的兴趣，让人们愿意主动传播个人品牌。要想立足人们的兴趣点并做好沉淀流量，需要从以下三个方面入手。

首先，把自己打造成专业的行业大咖

这需要我们立足一个细分领域，找到自身优势，不断深入学习打磨这个优势，然后通过各种渠道展示自己的优势，让更多人认识到自己的专业性。人们被吸引就是因为你能够以自身专业性为他们提供价值，只有掌握丰富的专业知识，让人们了解到你的价值，才能够抓住人们的兴趣。

其次，建立共鸣

建立共鸣需要我们立足需求，了解人们的痛点或喜好，并在此基础上与人们进行更多互动。同时，在通过互动与人们建立共鸣的过程中，要有明确的立场或观点，模棱两可的立场或观点是难以引发共鸣的。一旦产生共鸣，便可以引起人们的兴趣。

最后，通过各种促销活动吸引人们的兴趣

人们普遍具有追求实惠的心理，可以抓住这一心理，开展各种促销活

动。例如，可以在节日、品牌会员日、各大购物节期间推出促销活动，也可以结合时事热点宣传促销活动，使促销活动获得更多关注。各类促销活动能有效地提高人们对产品和个人品牌的兴趣。

在吸引流量，沉淀粉丝的过程中，我们要了解人们的兴趣点，根据这个兴趣点输出内容，了解人们的心理，引导人们的行为。只有了解了人们的兴趣，才会为自己带来更多的关注，从而促进个人品牌的推广和传播。

8.2.3 第三次：引导搜索，促进行动

在激发了人们的兴趣之后，人们会在兴趣的推动下产生搜索行为，即通过线上或线下等渠道搜索相关信息，包括产品信息及个人品牌口碑等。搜索行为通常会影响人们的消费行为和个人品牌的宣传与推广。为了激发搜索行为，我们需要对人们的搜索行为进行引导。

借助热点引导人们搜索是促进流量沉淀的有效手段。在这一方面，可以通过借助热点引导人们搜索，也可以自创热点吸引人们关注。

行业动态、"头部"企业家的动态都是具有吸引力的热点，我们可以借这些热点推广个人品牌。例如，当某"头部"企业家对某一问题进行了评价，形成热点时，你可以借此时机发表自己对该问题的观点，吸引人们关注，激发人们对你进行搜索的欲望。

同时，你也可以自创热点吸引人们关注，激发人们搜索。你可以通过参加各种活动制造热点，如参加行业峰会、电视节目等。当前直播行业火热发展，你还可以借助各大购物节之际开启直播，制造热点。此外，你还可以通过与"头部"主播或"头部"企业家联合直播的形式提高直播的热度和曝光度。

在制造热点时，我们要做好热点活动的宣传预告工作，同时可以借助转

发抽奖活动提高活动预告的曝光度，以此吸引更多人的目光，引导搜索行为。

综上所述，我们要先引起人们的兴趣，再让人们去搜索个人品牌。在人们搜索的过程中，不断加深人们对个人品牌的记忆，提升个人品牌的传播速度，扩展个人品牌的传播广度。

8.2.4　第四次：阐述情感，加强互动

个人品牌需要与用户保持有效的情感互动，这样才能够增强用户对个人品牌的黏性，确保用户对个人品牌的信任，从而沉淀流量。具体而言，要做好以下几个方面的工作：

1. 了解需求并通过产品释放需求

人们在某个方面存在需求，这个需求就可以成为情感互动的"法宝"。因此，在打造个人品牌时，应该高度重视人们的需求，充分了解人们对产品的意见及对服务的满意程度。

2. 在了解了需求后，想方设法满足这个需求

例如，用户想要一款全面屏手机，那么你就要重视这个需求，督促研发部门尽快研发出全面屏手机，再根据市场现状制定出相应的营销策略。

3. 关注反馈

接下来，要关注反馈，对用户提出的问题进行分析并承诺尽快解决，同时阶段性地向用户汇报处理问题的进度，以此与人们进行情感互动。当人们提出的需求被满足后，就会与你产生更深的情感连接。

4. 换位思考

在互动的过程中，要站在对方的立场上思考问题，同时输出价值观正确的内容。如果你发表的观点和大众的观点相违背，或者表达出了不正确的价值观，那么就会受到反感和抵制。这样的互动无法增进双方的情感交流，甚至会对你的个人品牌造成不良影响，也很可能会让更多的人产生不好的印象。

8.2.5 第五次：分析行为，促进消费

我们需要基于个人品牌的现状与目标，通过有效的方法引导人们的行为，并确保最终能达成自己想要的效果。目前，市场上个人品牌层出不穷，只有少数个人品牌能被人们记住，而提升个人品牌的知名度，离不开对消费行为的分析。

消费行为体现出人们的消费习惯，只有了解人们的消费习惯，才能为其提供个性化的服务，个人品牌的营销活动才能得到更高效的转化。因此，深入了解消费行为是我们在打造个人品牌时要做好的工作。如何深入分析并了解消费行为？可以从以下几个方面入手：

首先，绘制图像并对其进行深入分析

我们可以从性别、年龄、地域分布等维度绘制图像。男性和女性的消费行为是存在区别的，男性的消费动机受感情因素的影响较少，而女性在购物中更容易受感情因素影响，这使得双方的消费行为有所不同。

同时，不同年龄段的人消费行为也不相同，我们需要分析目标群体所处的年龄段，再分析该年龄段的人的消费行为。此外，消费行为也受地域影响，不同地域的人往往有不同的消费需求。我们可以根据销售数据分析哪

些地域的人最活跃,重点了解这些人的消费行为。

其次,我们需要深入分析人们的需求

人的消费行为是由消费需求所产生的,要想了解消费行为,就有必要分析消费需求。我们可以通过分析消费金额、消费频率等数据分析消费需求,此类数据往往可以反映出人的消费偏好。同时,我们还可以根据销售数据及产品评价分析需求,销量高、好评多的产品通常是需求大的产品。

综上所述,我们需要通过以上这些方面分析人们的消费行为。在了解消费行为的前提下,才可以根据不同的消费行为有针对性地开展营销活动,从而实现个人品牌的宣传和推广。同时,也可以通过满足消费需求而引导人们的行为,促使其自发地分享产品和个人品牌。这样可以让更多的人了解产品和个人品牌,从而实现个人品牌的进一步深化。

8.2.6　第六次:分享体验,强化认知

分享行为是吸引粉丝的一个必不可少的环节,能够为个人品牌带来更多关注度与知名度。如何激发分享行为? 我们要为粉丝的分享行为提供理由,如为粉丝提供高质量的产品和优质的服务,输出有价值的内容,开展各种福利活动等。

高质量的产品和优质的服务能够激发粉丝的分享行为。很多粉丝进行分享的动机往往是产品或服务超出了预期,有了更好的消费体验。如何为粉丝提供更好的消费体验? 洞察粉丝的需求,在满足需求的基础上为粉丝制造惊喜。例如,小米手机的超强性能让粉丝惊叹,海底捞的优质服务深受大众好评,这些都可以促使粉丝进行分享。

输出有价值的内容也能够激发粉丝的分享行为，粉丝分享的动机可能是内容的实用性，也可能是对内容产生了共鸣。为了促进粉丝分享，我们要多渠道、持续地输出有价值的内容，并与粉丝积极互动，引导粉丝的分享行为。

例如，雷军就经常更新微博内容，还入驻 B 站和抖音，进行多渠道内容输出。同时，他还会在这些平台上与自己的粉丝互动，拉近自己与粉丝之间的距离。这些都有利于激发粉丝的分享行为，促进雷军个人品牌的传播，也会帮助小米公司留住更多用户。

还可以借助各种活动激发粉丝的分享行为。例如，在微博或直播中开展转发抽奖活动，优惠活动能够激发粉丝分享的热情和积极性。

综合来看，通过高质量的产品和优质的服务与内容，或者有趣、实惠的活动切中粉丝的喜好，以粉丝为中心，抓住粉丝的心理，才能推动分享，促进流量沉淀。

8.3 如何激活老粉丝创造新流量

现在获客成本越来越高，很多人非常关心如何激活老粉丝，让老粉丝创造新流量，从而降低自己的获客成本。确实，如果你可以利用已有粉丝实现"以老带新"的效果，那就能通过裂变让自己拥有源源不断的新流量。

8.3.1　老粉丝为什么留存

能够沉淀并留存下来的粉丝更能发挥价值。那么，具体应该如何留存粉丝？粉丝之所以持续关注一个人是因为这个人能够持续为其提供价值，这就需要我们做到长时间的价值输出。

首先，做好专业内容的持续输出，通过产品发布会、直播、接受采访等方式不断向粉丝传递专业知识。

其次，通过产品向粉丝传递价值。之所以成为一个人的粉丝，除了受这个人的个人魅力影响以外，也表明粉丝对这个人一手打造的产品存在需求。因此，我们需要了解粉丝对产品的需求，并通过推出更先进、质量更好的产品满足粉丝的需求。

最后，适当的物质激励也可以有效地留存粉丝。我们可以通过转发抽奖、提供产品优惠、发放红包等方式对粉丝进行物质激励，增强粉丝黏性。

在留存粉丝方面，雷军无疑是一个佼佼者。他曾经开展"小米十周年"的演讲，吸引了大量粉丝的围观。他在演讲中回顾了小米公司的发展历史、成就和未来发展方向，引得粉丝感慨万分。

在最开始推出小米手机时，雷军主张"为发烧而生"，将小米第一代手机定为 1 999 元，主打产品的性价比。如今，小米 12 已经推出，高性价比依旧是特点。雷军曾经表示，小米手机在硬件方面的利润不会超过 5%，力求以更实惠的价格让更多人体验到高质量产品。他的这种坚持获得了广大粉丝的支持和认可。

对于广大粉丝而言，雷军无疑有很强的影响力。这不仅体现了品牌崇拜的力量，也体现了粉丝对个人品牌的巨大价值。

8.3.2　激发共鸣，实现主动传播

在社交红利时代，主动传播非常重要，因为主动传播很容易引爆一款产品。当然，好的个人品牌也能引发用户参与，让用户愿意主动分享。个人品牌在交互过程中内涵逐渐丰富并扩散，通过超级用户主动聚集形成社交链，实现主动传播。

要想实现个人品牌的主动传播，掌握合适的方法是关键所在。只有在用户心中产生情感共鸣，而且促使用户主动将这种共鸣分享给其他人，才可以形成一个独一无二的个人品牌。

例如，雷军曾经在产品发布会上介绍一款电视时，他说："这个电视不便宜，大家看看就好了。"在介绍可追踪无线充电器时，他又说："这个有点贵，我给大家准备了另外一个版本。"这些话语都体现了他对用户的理解和关心。

雷军的话语引发了粉丝的强烈共鸣，许多粉丝纷纷在微博、B站等社交平台上表达了对他的赞美，而这无疑传播了他的个人品牌。同时，在传播雷军的个人品牌时，粉丝之间也会进行互动，粉丝社交心理需求能获得满足。

吸引人们主动传播的关键点就是引发情感共鸣，满足人们的社交心理需求。为什么很多人喜欢在社交平台上传播个人品牌？这就是归属感、认同感、成就感等在起作用。在通过个人品牌创造新流量时，我们要了解主动传播的心理和行为机制，在情感共鸣、社交心理等方面满足人们的需求，这样才会促使人们主动传播。

8.3.3　利益驱动，善用礼物奖励

有一家美容院，营销做得特别出色。这家美容院的店长每天坐在店里

就能产生销售业绩并为自己带来客源。这一切是如何实现的呢？这家美容院先找到中高档女性内衣、服装、化妆品等商家，与这些商家约定顾客每买600元的产品就能得到价值1 380元的礼品。礼品由美容院来出，而商家要做的就是在这个活动中每促成一单交易就要付给美容院30元。

美容院用这个方法与很多商家谈成了合作。有了这个活动，顾客为了获得赠品就会想办法买够600元的产品，从而帮助商家提高了营业额。而当顾客拿着1 380元的礼品去美容院消费时，美容院的营销就开始了。

首先，美容院合作的商家都是中高档女性用品品牌，这样客源质量就有了保证，而且商家可以源源不断地为美容院输送优质客源，美容院就不用自己拓展顾客了。这样美容院能专心提升技术与服务，唯一需要考虑的就是如何把这些顾客留下来。

这些顾客在美容院的体验好，自然会想在美容院办卡。美容院也就有了长期客源，虽然前期的免费体验会让美容院有一定的损失，但如果顾客后期办卡愿意成为长期顾客，那么与几万元甚至十几万元的会员收益相比，1 380元实在是微不足道。

激活粉丝也是如此，可以定期为粉丝发放小礼物或者为产品附加一些赠品来吸引粉丝的注意，这可以称为赠品营销。赠品可以让产品看起来更有价值，从而满足粉丝看重性价比的需求。那么，什么样的赠品才能吸引粉丝呢？

赠品的价值可以不高，但要非常精准地满足粉丝的需求。例如，你主营化妆品，就可以选择化妆棉作为赠品。这样粉丝会觉得自己省去了购买另一件产品的钱，从而觉得这里的化妆品比其他商家的化妆品性价比高。

不定期或定期发放赠品和小礼品，也是能带给粉丝惊喜的。粉丝在体验到惊喜的同时还可以经常收获附加价值。这样的诱惑，又有谁能拒绝呢？

8.3.4　邀请有礼，分享式奖励

在激活粉丝的过程中，除了发放礼物以外，还可以通过开展邀请有礼活动实现引流。邀请有礼活动主要有两种方式：邀请码、分享链接与二维码。

1. 邀请码

邀请码是一种比较烦琐的邀请方式，在老粉丝用邀请码邀请新粉丝时，老粉丝和新粉丝都要记录邀请码，还要通过指定渠道填写邀请码。因此，邀请码的应用场景相对较少。

2. 分享链接与二维码

分享链接与二维码是最常用的邀请有礼的方式，这两种方式的优点是方便快捷，可以在微信、QQ 等平台上快速分享。邀请有礼的流程如下：

（1）老粉丝发起邀请，把邀请链接分享给新粉丝；

（2）新粉丝接受邀请—注册（手机号＋验证码）—参与活动并下单；

（3）新粉丝注册后获得奖励，奖励一般为店铺优惠券；

（4）新粉丝注册后，老粉丝可以获得一个奖励，新粉丝下单后，老粉丝还可以获得另一个奖励，奖励可以是优惠券或实物产品。

在通过邀请有礼活动进行个人品牌宣传时，我们应该注意以下两个问题：

首先，老粉丝的邀请积极性可能会不高，因为新粉丝邀请成功后老粉丝才可以获得奖励，而且如果活动的力度不够，那么老粉丝邀请成功的概率也不会很高；

其次，新粉丝接受邀请的概率和开展活动的力度呈正相关，如何用最低的资金投入获得最大的宣传效果是需要认真思考的一个问题。

要解决以上两个问题，就要设置合理的老粉丝奖励机制。例如，老粉丝在发起邀请后可以获得一个小奖励，这样能够让老粉丝获得即时满足感。同时，还可以将新粉丝的奖励设定为随机奖励，如最高获得 100 元无门槛儿优惠券等。

在老粉丝发起邀请的过程中，还存在一个问题，那就是如果发起邀请时总是获得相同的奖励，也会挫伤老粉丝持续邀请的积极性。对于这个问题，可以用两个办法解决：首先，把老粉丝奖励改为随机奖励；其次，为老粉丝设置阶梯式奖励发放规则，即老粉丝邀请的新粉丝越多，获得的奖励也越多。

在开展邀请有礼活动时，为了提高邀请转化率，也需要使用一些小技巧。

（1）邀请有礼活动与节日、热点相结合更能引人注目，也更容易被新粉丝接受。二十四节气、中西方节日都可以是开展邀请有礼活动的主题。例如，你可以在母亲节前夕开展一次主题为"母亲节快到了，为母亲准备一份贴心的礼物吧"的邀请有礼活动，这样更容易受到新粉丝的关注，引发新粉丝的共鸣。

（2）无论是老粉丝还是新粉丝，他们参与邀请有礼活动的最主要原因就是活动具有足够的吸引力。因此，在开展邀请有礼活动时，要保证优惠力度，满足新老粉丝追求实惠的心理。只有这样，邀请有礼活动才会得到更有力的宣传与推广，从而提升引流效果。

邀请有礼活动之所以能够取得很好的引流效果，不仅与其特性有关，还与活动的设计和规划的方式有关。在设计和规划邀请有礼活动时，我们要尝试学着使用各种方法和小技巧，尽自己所能将活动效果最大化。

第9章

品牌获利：化超级影响力为超级收益

很多人打造个人品牌的目的之一就是商业转化获利，希望借此将自己多年积累下来的影响力转化为实实在在的收益。一个优秀的个人品牌要想商业转化获利，有很多渠道，如产品转化获利、服务转化获利、资源整合转化获利等。大家可以根据自己的实际情况选择合适的渠道。

9.1　产品转化获利

人都会有直接的物质需求，要借助高质量的产品来满足。当我们一手打造的产品可以满足这个需求时，就能通过销售产品实现盈利。在商业转化过程中，应该让人们知道产品是可以满足需求的，也有必要让人们了解个人品牌是值得信任的。这样可以使商业转化更简单、高效。

9.1.1　个人品牌帮助推广实体产品

有个人品牌的人在推广营销时更容易取得好成绩，如董明珠、雷军等。但只有个人品牌也是远远不够的，还需要注意以下几个要点，如图 9-1 所示。

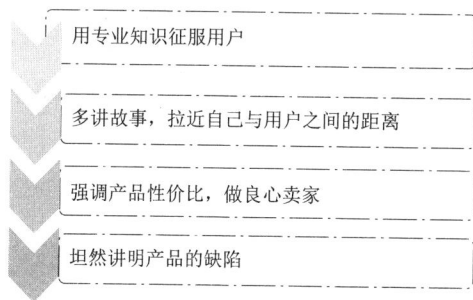

用专业知识征服用户

多讲故事，拉近自己与用户之间的距离

强调产品性价比，做良心卖家

坦然讲明产品的缺陷

图 9-1　如何更好地营销

1. 用专业知识征服用户

在推荐自己或介绍产品的过程中，只喊口号很难让用户产生信任感。想要建立自己与用户的信任关系，你就应该用专业知识征服用户。此外，在各种社交媒体上与用户互动，解决用户提出的疑问时，也要有理有据、层次分明。

2. 多讲故事，拉近自己与用户之间的距离

除了展示自己的专业知识外，通过讲故事拉近自己与用户之间的距离也非常关键。很多人在推荐时过于重视自身专业知识的输出，只讲述专业知识，没有讲述个人故事、企业故事等，这样不利于跟用户进行互动，也不利于赢得用户的信任。

多分享个人故事、企业故事等可以在用户心中建立起更丰满的形象。创业故事和生活故事也可以引发用户的共鸣，从而拉近彼此的距离。你与用户之间的距离拉近了，用户才更容易信任你，也更愿意购买你旗下的产品。

3. 强调产品性价比，做良心卖家

产品是你与用户建立信任关系的媒介，你可以通过产品提升用户对你的信任度。这就需要你在介绍产品的过程中突出产品的性价比，做用户心中的良心卖家。如果你推出的产品并不比同类产品便宜，那么很多人可能并不了解产品的性价比，便会觉得越便宜的产品越实惠。这时为了让用户信任你和你的产品，就需要从产品的性价比出发，为用户分析你的产品较同类产品的优势。

4. 坦然讲明产品的缺陷

任何产品都不是完美的，我们在介绍产品时也不需要回避产品的缺陷。

相对于隐瞒产品的缺陷，坦诚地讲明产品的缺陷更能够赢得信任。有些人在介绍产品时只是一味地介绍产品的优势，对产品的不足之处绝口不提。但是，这样的自卖自夸很可能会让用户对产品产生怀疑。如果你在说明产品优点的同时也讲明产品的缺陷，就会让用户感觉你是在非常坦诚地交流，从而提升用户对你和产品的信任。

9.1.2 影响力越大产品力越强

产品声誉和个人声誉密不可分，相辅相成。例如，创始人作为公司的代表，其个人声誉与产品声誉是捆绑在一起的，两者互相影响。华为在任正非的带领下，三大业务全线增长，已经成长为我国非常有实力的公司。

华为在产品的创新与声誉的提升上下足了功夫，早在十几年前就在布局手机芯片业务，自主研发中国"芯"，这也是华为独特竞争力的重要来源。华为的麒麟处理器已经在高性能芯片领域占有一席之地。

任正非的"狼性精神"培育了华为的"狼性文化"。华为"狼性文化"要求每一个员工都要不断提升自己，为用户提供更好的服务。"狼性文化"体现出任正非坚持的理念——公司要发展，就要像"狼"一样有敏锐的嗅觉、不屈不挠的进攻精神和群体奋斗意识。

任正非的管理理念反映了其对产品质量和产品创新的严格要求，也反映了其人品。当然，产品的高品质也从侧面反映了任正非的强大影响力，而任正非的强大影响力也提升了其个人品牌的声誉。

因此，在打造个人品牌时，要格外重视产品质量，高质量的产品有助于提升个人品牌的影响力。相应地，个人品牌的影响力也会促进产品质量的不断提高。

9.2 服务转化获利

如果你觉得通过产品转化获利很难，那么不妨从服务入手，走服务转化获利之路。当你可以为用户提供某种服务，解决用户的某个痛点时，你就可以从中获得一定的收益，这便是服务转化获利。此时你需要找准一个点，充分满足"三感"，并努力做好售后工作。

9.2.1 满足用户"三感"，而不是只卖产品

在商业转化获利方面，服务是一个非常不错的切入点，可以帮助我们获得比较丰厚的收益。如果想通过服务商业转化获利，那么应该梳理商业画布，了解谁可以辅助自己，对自己的具体情况和能力进行分析，并想方设法解决服务过程中的一些疑难问题，如"我怎样帮助他人""我能帮助谁""怎样宣传自己和交付服务"等，如图 9-2 所示。

通过商业画布，我们可以知道自己该提供什么服务，以及如何提供服务。但这还远远不够，我们还应该重视用户的力量和价值，做好用户的情绪引导，让他们更忠于个人品牌和服务。社群经济的出现，使得对待用户的心态和行为要发生变化——便于吸引更多用户，增加企业的收益。

在获得用户的方法中，重视用户的"三感"是必不可少的。众所周知，人都有七情六欲，用户当然也不例外。如果你没有充分满足用户的情感需要，那么即使将其吸引过来，黏性可能也不会太高。那么，用户的"三感"分别代表什么呢？如图 9-3 所示。

个人品牌商业画布	我的关键资源			
	我要做什么	我怎样帮助他人	我能帮助谁	怎样和对方打交道
		产品与服务	客户工作	
	我是谁，我拥有什么	收益创造方案	客户收益	怎样宣传自己和交付服务
		痛点解决方案	客户痛点	
	我要付出什么		我能得到什么	

谁可以辅助我			
我要做什么	我怎样帮助他人	我能帮助谁	怎样和对方打交道
	服务	用户工作	
我是谁，我拥有什么	收益创造方案	用户收益	怎样宣传自己和交付服务
	痛点解决方案	用户痛点	
我要付出什么		我能得到什么	

图 9-2　基于服务转化获利的商业画布

图 9-3　用户的"三感"

1. 价值感

个人品牌有一种无形的价值，背后是个人核心理念的体现。随着消费不断升级，用户对产品物理层面的需求已经没有那么强烈了，反而开始转向情感层面的需求。因此，要想获得用户的青睐，应该重视个人品牌的精神建设，赋予用户一定的价值感。

星巴克前董事长舒尔茨曾经说过："星巴克卖的不是咖啡，而是服务和体验。"这也是星巴克从一个普通咖啡店，变成一个文化象征的重要转折点。从空间布局的设计，到优质服务的打造，星巴克始终以社交为中心，希望为自己的用户营造一种"我存在"的良好氛围。

从本质上来讲，价值感是用户对个人品牌的价值判断、评估以及认同。要想真正实现个人品牌的价值最大化，吸引一大批忠实用户，就应该通过体系化的内容和逻辑去获得用户的认同，使自己在用户心中塑造和形成价值感。

我们经常会认为华为比其他一些国产手机品牌要更优秀，主要原因就是华为所蕴含的价值感非常值得用户信赖。当然，用户的价值感并不一定要通过直接体验产品才可以获得，在进行个人品牌传播的时候，我们也可以通过服务让没有直接体验产品的用户获得价值感。

2. 归属感

归属感是指个体与所属群体之间的一种内在联系，是个体对某个群体关系的划定、认同和维系。无论是外在层面，还是内在精神，正是因为有归属感，个体才会聚集到一起形成群体。人类不断阅读和观看视频获取信息等就是为了从中获得精神上的归属感。

当用户借助品牌构建自我或向他人传递自我概念的时候，就会对品牌产生归属感。因此，对于品牌来说，只要能赢得用户的信赖，让用户产生归属感，就可以有比较不错的发展。

归属感通常分为长期和短期两种。其中,短期归属感既需要有看起来舒服的外形、简便的操作、有价值的内容,也需要将用户所在的处境、需求巧妙地与产品结合。而长期归属感则需要在维持产品主要功能不变的情况下不断更新产品,以满足用户在各阶段的不同需求。

3. 安全感

安全感指的是一方的表现可以带给另一方一种可依靠、可信赖的感觉。事实上,品牌也应该为用户创造这种感觉。随着消费不断升级,用户的消费心理也发生了变化。例如,在衡量一项服务时,他们除了会考虑性能、价格等方面,还会考虑安全感。

出于自我保护的天性,在一项新服务面前,用户总是会缺乏安全感。这也就意味着,服务只有通过了风险评估后,才有可能占领用户心理。因此,我们应该将服务的可信赖特质表现出来。例如,用广告展现服务质量或在微博上发布用户反馈等。

我们不妨想象一下,为什么现在很多人都愿意把钱存在余额宝,而不是其他可能会带来更高收益的理财平台呢？一个很重要的原因就是余额宝可以提供安全感。由此来看,安全感也是用户的一个硬性需求。

我们应该打破用户对未知服务的固有质疑和无端否定,让他们建立起一种新思维。在这个过程中,满足用户的"三感"非常关键,要给予足够重视。

9.2.2　售后回访,解锁独家体验

沟通是维持关系的最好工具,我们不仅要在买卖过程中与对方沟通,确认对方已经下单,还要在售后进行回访,并为对方推荐新品,让流量实现二次转化。回访虽然不能直接起到转化获利的效果,但对维护关系、保证持续

的购买力和优化品牌口碑都有重大意义。

因此,要重视回访,为用户解锁独家体验,具体有以下两点注意事项:

(1)不管在什么情况下,与人的沟通都要注意礼仪。礼仪周到可以使对方对我们产生天然的好感。因此,我们要特别注意自己的表达,让对方主动配合完成回访。例如,当你要介绍产品时,对方可能会不耐烦,这时你可以告知对方回访仅需要几分钟,不会给对方带来太大麻烦。当然,你还可以用一些小礼品、优惠券等吸引对方完成回访。

(2)回访的目的是加强互动,让用户对产品产生好感,并促使其再次购买。因此,我们可以在沟通过程中适当地强调自己对产品使用和服务的重视程度。这既能使回访更具说服力,让对方更配合,又能让对方觉得自己是被重视的。基于这种感觉,很多人可能会愿意再次购买产品。

虽然回访可以加强联系,可能让人们成为产品的忠实拥护者,进一步推动商业转化获利,但人的时间和精力毕竟是有限的,不可能回访每一个人。因此,我们可以精准地筛选一些回访对象,减少自己的工作量。例如,选择多次购买产品的人作为回访对象,一方面,这些人已经对产品产生了需求,回访就可以增加他们对产品的信任度,保证其持续的购买力;另一方面,这部分人规模通常比较小,可以有效减少工作量,提高工作效率。

9.3　资源整合

个人品牌所蕴含的强大影响力有利于我们整合资源,这也是实现商业转化获利的一种方式。对资源进行整合的效率和质量关系到我们是否可以盈利。在此种商业转化获利方式下，我们要尽量成为同行中的佼佼者，将上游资源和下游资源都吸附到自己这里。

9.3.1　成为同行中的"头部"

这是一个不缺人才，也不缺品牌的时代，而且有各种相似的产品供人们选择。因此，你要想让自己的品牌传播出去，就要找到差异点，大胆地挑战对手，让自己成为同行中的领头人。那么，具体应该如何找到适合自己的差异点呢？方法如图 9-4 所示。

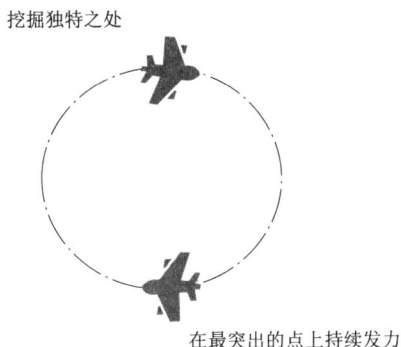

挖掘独特之处

在最突出的点上持续发力

图 9-4　找到适合自己的差异点

当你打算在某个领域深入挖掘时，很有可能会发现这条赛道的"头部"位置早就被其他人占据了，而且很难超越。此时你要做的并不是超越对方，而是找到彼此之间的差异和自己的独特之处，在自己最鲜明、最突出的点上持续发力。

就像在职场中获得更多收益的，可能不是能力最强的人，也不是工作最努力的人,而是可以把自己的强项发挥到极致,在自身优势上做到"头部"的人。这种人身上往往有一个隐形标签,即大家总能在特定的情境中想起他,而他也可以在工作中获得更多机会。

处处有机会,也就代表着处处有竞争。打造个人品牌需要找到正确的方法区分自己和竞争对手,通过突出独特的差异点实现个人品牌的差异化。当资源丰富时,选择能力远比执行能力更重要。在这个时代,挖掘"更少但更好"的差异点才是更有价值的事。

很多人想实现个人品牌的差异化,目的是将自己的独特之处转化为优势,满足人们的个性化需求。成功的个人品牌都有区别于竞争对手的独特之处,让别人只要一听到某个词或某句话就能瞬间想到某一种特质,强化个人品牌的辨识度。

但在寻找自己的独特之处时,"随大流"是一种非常错误的做法。我们应该凭借自己独特的优势进入赛道,在突出的点上持续发力,突出的点通常是指高价值区,也就是先利用"头部"效应锁定价值,再创造优势,持续关注那些"更少但更好"的事,打造知名度和影响力。

在竞争渐趋激烈的时代,每个人都应该充分利用自己的独特之处,努力提高创新能力,尊重人们的个性化需求,利用个性化产品在市场中占据优势地位。

9.3.2 上游资源不再遥不可及

品牌是企业的载体,大众对品牌的认同就是对企业的信任。当大众对企业建立足够的信任时,众多社会资源就会对企业有一定的倾向性,上游资源也就更容易获取。因此,我们要有足够的信誉,让大众信赖品牌、产品,同时给予商业伙伴安全感。

格力在早前提出了"格力掌握核心科技"的品牌定位,这一定位既体现出格力的目标，又能反映出格力对大众的隐形承诺。"好空调，格力造"代表格力空调的技术支持承诺。格力凭借多年在自主创新上的研发投入和深耕细作，连续获得多项大奖。

格力电器曾三次获得国家科学技术奖，两次获得国家科学技术进步奖，其中格力 1 赫兹变频技术成为国家科学技术进步奖设立以来第一项获奖的空调技术。此外，永磁同步变频离心机、光伏直驱变频离心机、磁悬浮变频离心机等 12 项技术也都被鉴定为国际领先水平。

格力在一步一步地履行自己曾经许下的承诺，不断进行核心技术创新，在全球市场上赢得尊严。像这样言出必行，企业变得更强大，才会获得更多生产资源与供货资源的青睐，企业也可以更轻松地获取更多上游资源。

个人品牌也是如此，有个人品牌的人能率先完成认知过程。同时，个人品牌又能更好地为信用背书，象征着口碑。有个人品牌的人更容易得到对方的信任，也更容易赢取与其他品牌合作的机会。例如，在现实的购物过程中，当不够了解某一产品时，心里会有一种不安全感，会下意识地选择具有良好声誉的品牌。这就是品牌带来的信用溢价，它在无形之中就降低了消费戒备，增强了大众对产品的信赖。

所以，在打造个人品牌时，我们要重视承诺，实现个人品牌的信用溢价。个人品牌隐含着一个人所做出的保证，可以反映出一个企业的经营理念。我们在建立个人品牌时要重视个人品牌的定位和内涵塑造。只有个人品牌的信誉增加，大众才会对该个人品牌产生信任，从而乐于提供稳定的货源和销售保障。

9.3.3　下游资源主动依附

企业建设产品链的目的通常是满足更多人的需求，同时为自己赚取更丰厚的利润。产品链中包含所有与满足需求相关的环节，不仅仅是上游的生产商和供应商，还有下游的运输、仓储、零售和消费者本身等。需求是产品链持续健康发展的驱动因素，每条产品链都是以需求为出发点，逐级向上延伸的。所以，我们要想获得成功，应该在需求上多下功夫。

有些人输出了很多高质量内容，花重金生产了各种各样的产品，却输得一败涂地。其中一个很重要的原因就是，没有充分考虑用户的需求，导致用户的体验感不断下降，这无疑是对时间、精力、财力的巨大浪费。

在发展产品链的过程中，双品牌的影响力是一个非常重要、需要特别关注的因素。双品牌的影响力可以直接对人们的需求倾向造成影响。如果企业的双品牌拥有足够大的影响力，就说明该企业已经得到了大部分受众群体的认可，口碑良好。

这就意味着，双品牌的粉丝黏性将进一步增强，可以引导粉丝自发地为产品进行宣传，帮助企业吸引下游资源。许多销售商与物流渠道商感受到粉丝对企业的热情，也会主动与企业寻求合作，创造双赢的局面。

可见，如果想获得更多粉丝，并让他们成为帮助企业传播和推广的主力军，首先要提高双品牌的影响力。那么，如何才能提高双品牌对人们的影响力呢？应该从实现客观需求的满足、深入用户的情感需求、不断提高服务质量这三个方面入手。

提高双品牌对用户影响力的重要性已经不言而喻，这不仅是增强粉丝黏性的"法宝"，更是引导大众一起传播和推广产品、吸引下游资源主动合作的"良药"。

第 10 章
个人品牌赋能企业品牌：
双品牌联动发展

究竟是乔布斯成就了苹果公司,还是苹果公司成就了乔布斯?很多人可能都思考过这个问题。这个问题可以延伸为个人品牌和公司品牌哪个更重要?其实非常简单,个人品牌是公司品牌的重要组成部分,而公司品牌则是公司竞争力的体现。每个公司面临的情况和市场不同,两种品牌的优先级安排也有所差异。

10.1 产品：个人品牌曝光一次，销量就提高一些

我们要认真分析自己的情况，将个人品牌和公司品牌放在合适的位置。我们不应该盲目地追求个人品牌，同样地，也不可以忽视公司品牌的重要性。如果个体的影响力很强大，那就可以发挥个体的作用，让个人品牌带动公司品牌的发展。

10.1.1 创始人是产品的重要组成部分

产品的成功其实就是创始人的成功。一个合格的创始人要有价值、有魅力、有感召力、有想象力，还要成为人群中的领导者，且平易近人。公司的价值主张是什么？同竞争对手相比，产品的定位是什么？创始人应该以怎样激动人心的方式讲述产品故事？

Cool（酷）是亚马逊创始人兼 CEO 杰夫·贝佐斯的人生关键词。他的招牌动作是神经质的大笑和暴君式的咆哮。亚马逊也由此形成了 Cool 的公关画风，以及一套"贝佐斯传播理论"：CEO 亲自拿起红笔，在新闻稿、演讲稿甚至产品说明上，删去所有他认为不重要的字句，只为给外界传递删繁就简的信息。

Snapchat 创始人兼 CEO 埃文·斯皮格尔作为年轻的"90 后"，其一直坚持新颖时尚。出身富贵之家、拒绝 Facebook 收购、迎娶维密超模等一系

列标签让他备受争议，也帮助他得到了极高的曝光率。他受到人们的广泛关注或许昭示着一些设定的没落：成功人士那种过于权威、完美的英雄式出厂模板如今已经很难奏效。

形象更丰满、更具娱乐特质的创始人反而能够让人耳目一新。所以我们看到，马斯克在《钢铁侠 2》中一闪而过的镜头；贝佐斯在《星际迷航 3：超越星辰》中是一名外星星际舰队军官；Instagram 创始人凯文·斯特罗姆经常在自己的社交账号上发布妻子的照片。

千万不要以为这是他们随意的行为，其实这是他们在花式输出"人设"，借此宣传自己和产品。在乔布斯的"Stay Hungry，Stay Foolish"后，马斯克鼓舞人心的创业名言一度风靡社交网络。这背后可能都是专业团队的精心打造。

美国一个企业家为了经营自己的 Facebook 主页，雇用了一支十几人的团队。团队中有专业的摄影师，专门捕捉与企业家相关的珍贵瞬间。除了斟酌推文、清删负面信息、回应评论等日常工作，团队还负责宣传企业家的个人形象，使其个人形象与公司形象融合在一起。

难怪陈丹青说："真正的精英人士总能在最简单的事物中挖掘出惊喜，让生活的质感变得与众不同。"创始人作为行走的价值观，其一言一行都与产品密不可分。将产品可视化、颗粒化、可感知化，通过领袖生动化、人格化的形象向外传播，成为大众与产品之间的接触点。

让创始人变成产品的重要组成部分是不错的策略，有事半功倍的效果，被称为是公司的公关软实力，这也是越来越多公司开始重视领导人包装的重要原因之一。

10.1.2　CEO 带货，话题感十足

"哈喽各位朋友，冬天就要来了，快为它们换上温暖的衣服吧！"早上 9

点，某宠物服装公司的CEO思思（化名）就开始直播，吸引了大批粉丝进入直播间。由于当天是立冬，思思就以"冬季新款"的主题为粉丝介绍直播间新上的宠物服装。

在两个小时的直播中，思思展示了四十余种宠物服装，包括各种风格的日常服装以及帽子等配饰。每次思思介绍完一种产品并放上链接后，都会引发粉丝的购买热潮。而思思在直播中介绍的许多服装都成了销售的爆款。

那么，思思是如何成为"直播达人"的？身为CEO的思思同时也是一名"宠物达人"，养了两只乖巧、可爱的奶牛猫。当她开始直播后，两只奶牛猫也尽职尽责地担起了模特的任务。养猫的这几年中，思思积累了大量养宠物的经验，也热衷于为宠物装扮。

在直播过程中，思思会着重介绍衣服的质量，并表示自己的猫咪也是穿这些衣服，这为思思吸引了不少粉丝。在介绍产品时，思思也会介绍不同衣服的有趣穿搭及衣服清洗的注意事项等。在直播过程中，思思也会积极地与粉丝进行互动，一些粉丝会询问养猫过程中需要注意的问题，思思也会非常耐心地回答。

经过一段时间的经营，思思的直播间积累了大量粉丝，许多粉丝都知道她，也都知道她有两只乖巧可爱的奶牛猫。后来网红猫"点点"爆红网络，思思在直播间也为粉丝送出了惊喜："哈喽各位朋友，今天我们有一个新朋友来到了直播间。"

粉丝发现这个新朋友就是"点点"。在这次直播中，除了直播间的固定模特——两只奶牛猫之外，"点点"这个不太配合的模特也穿上了直播间的新品衣服。"点点"所穿的这款衣服无疑就成了本次直播的爆款产品。这次直播不仅拉动了销量，同时也让更多人了解到思思，从而进一步宣传了思思的个人品牌。

现在思思的每次直播都很受欢迎，话题度非常高。她通过高质量直播推荐和建立个人标签等成功变成了粉丝买单的风向标。对于其他人也是如此，我们需要严把产品质量，展示自身专业技能，为自己打造标签，并结合热点不断宣传自己，不断提升自己的话题度。

只有通过这样的方式建立个人品牌并不断推广个人品牌，才能够引导粉丝的选择，成为粉丝买单的风向标。

10.1.3　创始人身上有天然的广告标签

公司形象的优劣对经营成败有非常重大的关系。随着经济的发展，产品种类的丰富，人们可选的范围变得非常广，任何一个因素都有可能改变他们最终的决定。因此，塑造一个良好的公司形象，让人们在心理上对公司产生欣赏与信任的情感，将会发挥出很大作用。

创始人是公司的第一代言人，在公司形象的建立中，创始人的形象起到了至关重要的作用。如今许多公司的创始人都活跃在大众视野里，发挥着联动效应。大多数人在提到小米公司时，首先会想到雷军；在提到格力电器时，首先会想到董明珠；在提到苹果公司时，首先会想到乔布斯。他们就像是行走的广告，已经成为公司"有生命"的名片。

在这样的趋势下，大家就要更加注意对自身形象等个人品牌方面的打造，使个人品牌成为公司品牌的助力，双品牌互相促进、共同发展，最终实现共赢。许多自主创业的人总是非常重视在产品销售、人际关系、信息采集等方面对自己进行打磨与提升，却往往忽视了对个人形象与个人魅力的改造与宣传，甚至排斥这方面的工作。

但"磨刀不误砍柴工"，经营好个人形象，公司在其他方面也将获得很大的助力。相应地，如果没能很好地经营个人形象，也会在一定程度上影响公

司的发展。事实上，由于对个人形象疏于管理而导致公司经营失败的例子
并不鲜见。

例如，某教育集团创始人虽然在打造品牌 IP 方面十分成功，但他曾经
因为发表关于女性的不当言论，引起了轩然大波，造成社会轰动。后来他又
因为宣扬错误的价值观，过分夸大金钱对人生的意义，而被《人民日报》等媒
体点名批评，对以他为代表的公司也造成了不良的影响。

由此可见，名气增长是一把双刃剑，只有谨言慎行，善用个人品牌才能发
挥最大、最好的效果，否则不仅无法促进公司的发展，还有可能会带来反作用。

10.2 品牌：IP 更高级，形象更好

IP 受到人们的认可和喜爱，已经逐渐成为一项非常重要的资源。如果
你是公司的领路人，那就应该有更高级的 IP，并对这个 IP 进行更大范围的
推广。当 IP 被越来越多人知道后，个人品牌会发展，个人形象也会进一步
优化，从而为产品吸引到更多的粉丝。

10.2.1 对 IP 的大力宣传

很多公司都很难接受重复积累，因为这些公司认为，品牌要随着时代的
变化而变化，要不断有新的面貌。但是要想真正造就受欢迎的品牌，需要建
立在"重复"的行为之上。无论是公司品牌，还是个人品牌，增加曝光度是实

现"重复"的一个有效途径。

增加曝光度能不断加强大众对品牌的认知,最终使 IP 根植到大众认知深处的效果。那么,具体应该怎么做呢?

(1)找准定位。要知道自己的定位是什么,例如,假设你主营美妆产品,那就可以将自己塑造成一个护肤达人。

(2)确定目标群体。从性别、年龄、职业等方面入手确定自己的目标群体。

(3)全网推广。全网推广包括微博、微信、抖音、论坛、贴吧、自媒体等渠道。

(4)内容输出。要不断输出有价值的内容,体现自己的专业性,增强人们对品牌的信任度和好感度。

奇虎 360 创立后,周鸿祎和他的团队几乎颠覆了行业现状,其竞争对手更是囊括了几乎所有的互联网巨头。而这家公司也打上了非常深厚的周鸿祎个人烙印,与他本人一样个性鲜明。周鸿祎参与了产品的架构设计和规划工作,而该公司也逐步成长为我国知名的互联网公司。周鸿祎希望把自己展示给大众,于是经常参加综艺节目和电视访谈,也因此获得了广泛关注,被大众知晓,带领着奇虎 360 不断向前发展。

在打造和推广品牌的过程中,曝光度是必须要有的。如果不积极表现自己,加深人们对自己的了解,如何能把自己的品牌和公司推广出去?因此,适当曝光能取得非常好的效果,有利于加深自己身上的 IP 属性,促进 IP 向更大范围传播。

10.2.2　品牌延长公司生命周期

可口可乐公司的前董事长,"可口可乐之父"伍德鲁夫曾经自豪地说过,

"即使一夜之间，位于世界各地的可口可乐工厂全部都化为灰烬，我也完全可以仅凭可口可乐这个品牌，从银行获取足够的贷款，重建整个生产线，马上东山再起。"

他的这番话并不是毫无根据的夸大其词。曾经有权威机构进行过评估，可口可乐的品牌如今已经超过 700 亿美元，这一品牌在市场中所拥有的影响力也是其他同类公司在短时间内完全无法比拟的。这份自信就是成功的品牌给予的力量。

优秀的品牌逐渐成为公司持续健康发展的首要因素，它能够帮助公司降低运营过程中的风险，在特殊时刻甚至可以帮助公司化险为夷。从品牌发展的全过程来看，在不同的发展阶段，可以分别侧重不同的内容，同时在资源配置上也应该有相应的区别。

在发展前期，公司整体规模小，知名度较低，此时打造个人品牌可以帮助公司更快地走入大众视野，激发大众对它的好奇心，从而令大众产生进一步了解该公司的欲望。这些人由此便成了公司的潜在用户。个人品牌对公司形象能够起到塑造的作用，是社会公众对公司总体印象的主要构成部分，也是社会公众认识公司的重要途径。

公司发展到后期，已经拥有了一定的规模和知名度。此时，打造人们对品牌的信任感与归属感成为更重要的事。可靠的公司形象能帮助公司维持与合作伙伴之间的关系，增强大众与公司之间的情感黏性，提高粉丝留存率。为公司建立良好的口碑，可以使公司更快地完成转型升级。公司将由前期的依靠特殊事件、话题热点、创始人个人魅力来打造吸引力，转变为依靠过硬的专业技术、高端的产品、优质的服务来打造吸引力。

在品牌建设过程中，公司能够更快速、更准确地找到未来适合的发展方向，明确所处的定位，实现更好的发展，走得更远。需要特别注意的是，侧重某一方面发展并不意味着其他方面可以忽视。个人品牌的活跃对于公司品牌的发展是有助力效果的，而公司品牌的可靠对于个人品牌的传播也有着很强的作用。

10.2.3　品牌的两种应用方式

品牌具有识别功能与信息浓缩功能。例如，当一个人拥有了自己的个人品牌后，他的一举一动都会在人们眼中成为一种标志性的、能够快速记忆的符号。人们可以通过这种带有个人特点的符号，快速地做出反应，联想到这个人及其相关的信息。

公司可以将个人品牌与公司品牌绑定在一起，相互配合，充分发挥品牌的作用，达到最好的传播效果。个人品牌在与公司品牌的配合中有两种主要方式：

1. 以公司品牌为辅，以个人品牌为主

有些公司在经营过程中以发展个人品牌为主，由个人热度带动公司发展，如黄章和他的魅族。此类公司通常由网络名人创建，有一定的经营难度，比较少见。将自己的个人品牌发展壮大并不算十分困难，但强大到足够用个人品牌支撑起整个公司品牌，并不是一件简单的事。这不仅需要流量，还需要创始人有强大的综合实力。

2. 以个人品牌为辅，以公司品牌为主

一些公司在经营过程中以发展公司品牌为主，个人品牌则是公司品牌的有效补充。当然，在必要时个人品牌也会承担起以更人性化方式发声的职责。这种类型的公司较多，如雷军和他的小米公司、李彦宏和他的百度公司等。

这类公司虽然会受到个人品牌的影响，但大多数人消费该品牌的动机并不以个人品牌为主,会有更强的稳定性。在以公司品牌为主的经营模式下,需要做好两点:一是保持公司品牌的价值观与风格一致,二者不能相悖;二是保持真诚的态度,减少与大众的距离感。

雷军个人品牌的经营效果是相当不错的。他在各种网络平台上与粉丝进行互动,也经常帮助粉丝解决产品使用过程中遇到的问题。他的现场演讲给人的感觉很像是一个亲切的长者或亲近的朋友。因此,很多人被他个人魅力吸引,成为粉丝。除此之外,小米公司的产品也确实拥有超高性价比。在这种情况下,即使是对小米公司及雷军本人没有事先了解的普通人,也比较愿意购买其旗下的产品。

个人品牌与公司品牌相互交织融合、相辅相成、共同发展,便是最佳的状态。如果只强调公司品牌的作用,则会令公司少了一丝人情味,无法拉近公司与大众之间的距离;如果过于强调个人品牌的影响力,则有可能对公司品牌产生反噬的效果。如何把握二者之间的平衡,需要我们在实践过程中根据公司的特质和实际情况逐渐调整。

10.2.4　为公司塑造更有人情味的公众形象

个人品牌的一项重要职责是为公司塑造更有人情味的公众形象。那么,我们应该如何更好地履行个人品牌的这项职责呢? 需要从以下几个方面入手:

1. 拥有对人性敏锐的洞察力与预判力

公司所面对的广大群体往往以粉丝为主。这些粉丝通常是被公司的某些特质所吸引,在这里找到了自己欣赏、肯定或向往的东西,进而了解到公司本身。同理,如果想要打造一个成功的个人品牌,就要抓住某一种清晰的、具有指引性的、能够展现自身特色的价值观，让人们对其产生强烈的情感共鸣。

要想达到这一点，应该拥有对人性敏锐的洞察力与预判力，要对舆论环境与大众的心理有透彻的见解。此外，还应该对大众舆论以及审美的转变趋向有一定的预判能力，要能够带领大家进行改变，而不是追随别人进行改变。

2. 充分发挥交际圈的力量，调动一切资源

要单枪匹马地从个人品牌做起是十分艰难的，我们要善于调动自己身边的社交圈，扩大自己的影响力与可信度，赢得一定的社会声望。当现有的社交资源不足时，我们就需要勇敢地向别人展示自己，扩大自己的社交圈，为社交圈注入新的活力。

3. 有持续创造话题热点的能力与思想传播力

在信息量庞大的互联网世界中，如果想让大家注意到自己，就需要对自己有一个明确的定位，建立特征鲜明的个人标签，持续创造热点话题，并稳定输出自己的思想与价值观。我们要找准自己最具有天赋、潜力与优势的个人价值，由此提炼出有条件持续运营、广泛传播的个人标签，并在他人的记忆中强化设置与我们相关的"锚点"，让他人每次看到与这一标签相关的内容时可以条件反射式地想起我们。

想要做到这一点，首先，要明确自己面对的受众群体；其次，寻找能够有效影响到他们的宣传渠道；最后，在选定的渠道上反复强化自己的"人设"与形象，加深受众群体的印象。在整个过程中，要时刻注意，无论是打造个人标签还是挑选宣传渠道，都应该尽量抓住先机，这样才能更好地把握优势。

4. 把握好言行的尺度，防止坠入深渊

行走在舆论的浪潮中，始终要记住把握好自己一言一行的尺度。有些人在网络中的形象已经属于公众人物，不仅仅代表着自己，更多代表的是整个公司。他们的言行也会对其他人产生更大、更广泛的影响。因为某些不当言论而跌落"神坛"的个人品牌比比皆是。我们应当吸取教训，真正做到"三思而后行"，避免重蹈前车的覆辙。

10.3　资源：IP 是公司的吸金石

IP 是公司的吸金石，是影响公司成败的重要因素。各公司之间看似比拼的是产品、商业模式，但 IP 的作用也不容忽视。有些公司花巨额广告费做营销，效果却不尽如人意，而自带 IP 的公司则可以用较低的成本实现产品的大范围传播。因此，每个公司都应该打造 IP，为自己积累更丰富的资源。

10.3.1　销售是目的，既是节省广告费也是增强信任

对于大多数用户而言，创始人讲解产品是十分有说服力的。因此，如果创始人能够走到台前，向人们讲解公司的产品，人们就会在沟通中了解到公司在打造产品方面的专业性，也可以知道创始人是行业内的专家。

在面对产品时，大多数人关心的是产品质量是否足够好，产品设计是否

满足自己的需求等问题。如果一个公司的创始人能对公司的产品了如指掌，讲起产品来井井有条，那么人们会相信这个产品是在公司所有人的努力中创造出来的，也会更加相信产品的质量。

小米公司的产品深受粉丝的信任，跟雷军对产品的讲解、宣传密切相关。每次推出新品时，小米公司都会召开新品发布会，雷军向粉丝讲解新品的设计细节、功能、性能、价格等。雷军在讲解中展现出来的专业性获得了广大粉丝的认可和信赖。

相比于产品，有些人更关心公司形象，关心代言人是谁，但这些人更应该把目光和精力投向产品，做到对产品了如指掌，并能在新品发布会上向粉丝娓娓道来。这比启用明星代言人更有说服力，而且比请明星代言要节省一大笔成本。

因此，对于创始人来说，自己讲解产品是非常有必要的。当人们通过讲解了解到创始人的专业性，知道创始人是领域里的"小专家"以后，自然而然就会对创始人产生一种信任感，而这种信任感也会延伸到公司和产品之上。

10.3.2　影响力让超级用户纷至沓来

超级用户是打造个人品牌的法宝，也是提升影响力的终极武器。那么，究竟什么是超级用户呢？简单来说，愿意追随公司，愿意帮助公司创始人传播个人品牌的人就可以称为超级用户。例如，雷军个人品牌的建立和推广离不开超级用户的支持。

在超级用户的支持下，雷军的个人品牌极具影响力。2020 年 8 月，雷军在抖音上开启了自己的首次直播，此次直播销售金额高达 2.1 亿元，累计观看人数突破 5 053 万人次。此次直播显示出雷军的强大影响力和超级用户的强大购买力。

　　认可雷军及其产品的粉丝无疑是小米公司的超级用户，这些超级用户不仅能够为雷军带来直接的经济收益，还会促进个人品牌的传播，提高个人品牌的曝光度和影响力。以前公司要获得忠诚用户，首先，要广泛搜罗用户，在众多用户中进行精准定位，确定目标用户；其次，从目标用户中筛选潜在用户，再确定普通用户；最后，获得忠诚用户。

　　而现在，公司要先寻找忠诚用户，即超级用户，通过他们去影响普通用户，再由普通用户去影响潜在用户，最终扩大影响力。

　　很多人可能都知道"二八原则"，即20%的超级用户能够带来80%的跟随消费。20%的超级用户引领消费潮流，余下80%的用户会跟随这20%的超级用户的消费而消费。因此，在打造个人品牌时要用心维护超级用户，他们可以更有效地提高个人品牌的曝光度和影响力，从而进一步优化个人品牌的商业效益转化率。

　　超级用户在打造影响力深远的个人品牌方面有十分重要的意义，有超级用户支撑的个人品牌会发展得更长远。